Liebe muß man teilen

D1929024

Liebe muß man teilen

Glaubensverkündigung in der Kirche

Herausgegeben von Wolfgang Beinert

Mit Beiträgen von Konrad Baumgartner,
Wolfgang Beinert, August Jilek,
Hubert Ritt und Eberhard Schockenhoff

Verlag Friedrich Pustet Regensburg

Die Deutsche Bibliothek – CIP-Einheitsaufnahme

Liebe muß man teilen : Glaubensverkündigung in der Kirche / hrsg. von Wolfgang Beinert. Mit Beitr. von Konrad Baumgartner ... – Regensburg : Pustet, 1993
ISBN 3-7917-1355-8
NE: Beinert, Wolfgang [Hrsg.]; Baumgartner, Konrad

ISBN 3-7917-1355-8
© 1993 by Verlag Friedrich Pustet, Regensburg
Umschlagmotiv: Heilige Elisabeth. Ausschnitt aus einem Flügelaltar (Privatbesitz). Senkemail von Lioba Munz OSB, Abtei St. Maria, Fulda.
Foto: CREART/W. M. Rammler
Umschlaggestaltung: Peter Loeffler, Regensburg
Gesamtherstellung: Friedrich Pustet, Regensburg
Printed in Germany 1993

Inhaltsverzeichnis

Vorwort

Ohne die *Akathistos-Hymnen* ist die heutige ostkirchliche Liturgie nicht vorstellbar. Im slawischen Bereich sind sie in einem eigenen Band, dem *Akafistnik,* zusammengestellt. Vor einigen Jahren sind einige daraus in einer schönen russisch-deutschen Ausgabe vorgelegt worden, darunter auch der »Hymnos Akathistos an unseren mildesten Herrn Jesus Christus«. Dort lautet das *Kontakion 6:*

> »Jegliche Botschaft und jedes prophetische Wort der Gott bringenden Künder hast, Jesus, Du erfüllt, da Du auf Erden erschienen. Du hast, Unfaßlicher, mit den Menschen zusammengelebt und unsere Krankheiten getragen. So sind wir durch Deine Wunden geheilt und singen seither: Halleluja!«

Der sich daran schließende *Ikos 6* betet:

> »Kamst Du, Heiland, in die Welt, wurde sie hell durch Deiner Wahrheit Licht, vertrieben wurde teuflische Verführung. Denn die falschen Götter, Du unser Heiland, ertrugen Deine Stärke nicht und stürzten. Wir aber haben Erlösung erlangt und rufen:
> Jesus, Du Wahrheit, vertreibst verführerische Lüge,
> Jesus, Du Licht, höher als alle Lichte,
> Jesus, Du König, überwindest jegliche Festung,
> Jesus, Du Gott, erweisest immer Erbarmung ...«
> (H. Goltz [Hrsg.], AKATHISTOS. Hymnen der Ostkirche, Leipzig 1988, 133).

In diesem Text wird in aller Knappheit Ursache, Motiv und Ziel aller kirchlichen Verkündigung benannt: Jesus der Christus. Wir haben ihn als Heiland erfahren, als wirkmächtige Wahrheit, als den Immer-Erbarmer – und das wollen, das müssen wir weitersagen und weitergeben in jeder Zeit, in jede Lebenswelt hinein. Kirchliche Verkündigung wird seit der ersten Generation der Kirche von dem gleichen Duktus geleitet, der in der Vorrede zum

1. Johannesbrief beschrieben wird: »Was wir gesehen und gehört haben, das verkünden wir auch euch, damit auch ihr Gemeinschaft mit uns habt. Wir aber haben Gemeinschaft mit dem Vater und mit seinem Sohn Jesus Christus. Wir schreiben dies, damit unsere Freude vollkommen ist« (1 Joh 1,3f). Der Verfasser benennt im Folgenden den Grund seiner Freude: »Gott ist die Liebe. Die Liebe Gottes wurde unter uns dadurch offenbar, daß Gott seinen einzigen Sohn in die Welt gesandt hat, damit wir durch ihn leben. ... Liebe Brüder, wenn uns Gott so geliebt hat, müssen auch wir einander lieben« (4,8f.11). Kirchliche Verkündigung ist, wenn sie echt und recht ist, Mit-Teilung der Liebe Gottes, die uns in Jesus Christus zuteil geworden ist.

Liebe muß man also teilen – und nichts anderes ist, nichts anderes kann, nichts anderes darf wollen die kirchliche Verkündigung. Nur: Wie macht man das derzeit und hier? Wie teilt man Christi Botschaft mit, wie teilt man sie mit anderen? Die Verkündigung ist zum Problem geworden. Das trifft zu, wie immer man sich ihm nähert – aus der gesamtkirchlichen oder teilkirchlichen Perspektive, auf der Ebene der Pfarrei oder der Schule, im Rahmen von Familie oder Beruf. Es mangelt nicht an Zeiten und Gelegenheiten, bei denen verkündigt wird; selbst wenn der Mangel an qualifiziertem Personal sich in der Kirche nicht mehr verbergen läßt. Doch immer noch treten Christen in die Breschen, Priester wie Laien, Frauen wie Männer. Trotzdem: Verkündigung bleibt eigenartig ineffizient. Sie erreicht immer weniger Menschen wirklich; sie bewirkt jedenfalls im Bereich der Öffentlichkeit kaum noch etwas; sie wird abgedrängt in den Raum des Privaten und der Privatisierung. Warum ist das so?
Die schnelle Antwort ist die Schuldzuweisung; sie ist auch die gängigste in Kirchenkreisen. Die Welt ist eben säkular, lautet sie, die Menschen glauben nichts und sind nicht bereit zu Opfer und Entsagung; sie haben keinen Sinn für Schuld und mithin keine Sehnsucht nach Erlösung. Dem steht entgegen, daß allenthalben religiöse Neuaufbrüche zu registrieren sind – in Kleingemeinschaften charismatischer oder fundamentalistischer Prägung, in Sekten und Neuen Kirchen. Aber kaum in den Großkirchen.

So muß man wohl andere Antworten suchen, wenigstens zusätzlich zu den gegebenen, die unbestrittenermaßen nicht völlig falsch sind. Es ist *auch* zu fragen, wie Verkündigung in der Kirche heute faktisch aussieht. Ist sie zu rationalistisch, zu verkopft, zu lebensfern, zu wenig problemorientiert? Antwortet sie vielleicht auf Fragen, die niemand stellt, um sich drücken zu können um Antworten, die unangenehmen Fragen folgen müßten? Vor allem: Leben die Kirchenchristen so in Christi Liebe, daß es sie zur Mit-Teilung tatsächlich drängt – oder sind sie selber frustriert und freudlos, in innerkirchliche Grabenkämpfe verstrickt, halb blind und ganz perspektivenlos?

Die Fragen gehen alle an; sie treiben in besonderer Intensität die Männer um, die amtlich den Auftrag zur Glaubensverkündigung haben: Aus dem hier skizzenhaft angedeuteten Problemkreis heraus ist die Thematik der Priesterfortbildungswochen 1992 im Bistum Regensburg entwickelt worden – von den Vertretern der Bistumsleitung, der Katholisch-Theologischen Fakultät der Universität Regensburg, des Priesterrates und der sechs Kurse, welche daran teilnehmen sollten. Das Resultat wird in diesem Band einer größeren Öffentlichkeit vorgelegt. Zum achten Male haben alle Beteiligten dem *Verlag Pustet* zu danken, daß die Arbeit des Kontaktstudiums Priesterfortbildung Regensburg auf diese Weise dokumentiert werden kann. Das hiermit vorgelegte Buch knüpft insbesondere an die Themenstellung von 1986 an: »Den Glauben weitergeben. Wege aus der Krise«, so der Titel des Berichtsbandes von damals. Man sieht: Die Sache ist unverändert aktuell.
Damals wie jetzt kann eine solche Veranstaltung natürlich nicht alle Aspekte und Dimensionen des Problemfeldes abhandeln. Während vor sechs Jahren vor allem die inhaltlichen Momente ins Visier genommen wurden – was ist das für ein Glaube, der weiterzugeben ist? –, steht dieses Mal der formale Gesichtspunkt in der Mitte des Interesses: Wie gibt man diesen Glauben weiter? *Hubert Ritt* bietet zum Einstieg eine Übersicht über die neutestamentlichen Kirchenbilder und die daraus sich ergebende Verkündigungspraxis. Der Pastoraltheologe *Konrad Baumgartner* behandelt unter dem Aspekt der gegenwärtigen Problematik

die Wortverkündigung, also vornehmlich die Predigt. In der Auseinandersetzung mit irrationalistischen Strömungen, die derzeit umlaufen, stellt der Dogmatiker *Wolfgang Beinert* das unaufgebbare, von der Wahrheit des Glaubens selbst geforderte rationale Moment christlichen Zeugnisses heraus, das zu wahren besonders dringlich geworden ist. *Eberhard Schockenhoff* konkretisiert die schwierige Gemengelage in nüchtern-rationaler Analyse an Hand des außerordentlich umstrittenen Komplexes der kirchlichen Ehe- und Sexualverkündigung. Zur Mitte führt zurück der letzte umfangreiche Aufsatz des Liturgiewissenschaftlers *August Jilek:* Die eigentliche Proklamation des Glaubens ist die Eucharistiefeier. Sie sollte es jedenfalls sein ... Und damit ist auch schon wieder die Mitte der Schwierigkeiten angezeigt.

Die Autoren sind sich bewußt, daß sie sie mit ihren Überlegungen nicht alle lösen werden. Sie freuen sich, wenn die eine oder andere durch ihren theologisch-pastoralen Dienst erleichtert werden könnte. Sie wissen, daß des Mund überlaufen wird, wes Herz voll ist. So mag am Ende dieses Buchanfangs der Rest des *Ikos 6* aus dem »Hymnos Akathistos an unseren mildesten Herrn Jesus Christus« stehen (a.a.O. 133):

»Jesus, Du Brot des Lebens, sättige mich Hungernden,
Jesus, Du Quelle der Vernunft, tränke mich Dürstenden.
Jesus, Du Kleid der Freude, kleide mich Verweslichen.
Jesus, Du Schutzmantel der Fröhlichkeit, schütze mich Unwürdigen.
Jesus, Du Geber für die Bittenden, gib mir Tränen zu meinen Sünden.
Jesus, Du Fund der Suchenden, finde meine Seele.
Jesus, Du Öffner für die Anklopfenden, öffne mein unseliges Herz,
Jesus, Du Erlöser der Sünder, wische hinweg meine Missetaten.
Jesus, Sohn Gottes, erbarme Dich meiner!«

Müßte, darf hinter und mitten in allen Überlegungen gefragt werden, nicht leicht die Liebe teilen können, wer sich von Seiner Liebe erfüllen läßt?

Regensburg, am Fest der Verkündigung des Herrn

25. März 1992 Wolfgang Beinert

Hubert Ritt

Die Sendung der Kirche in der Glaubensvermittlung nach dem Neuen Testament

Die christliche Bibel – das »Erste Testament« (AT) und das in Jesus Christus »Erneuerte Testament« (NT) – muß in einer wechselseitigen Verbindung zum Entstehungsprozeß der Kirche gesehen werden. Die ersten christlichen Gemeinden Palästinas waren in den Wirren des judäisch-römischen Krieges (66–70 n. Chr.) untergegangen[1], aber die junge Kirche trat unaufhaltsam ihren Weg in die Zukunft an.[2] Schon in den authentischen Paulusbriefen – zwischen 50/51 (1 Thess) und 56/57 (Röm)[3] – ist das pausenlose Ringen des Apostels um den stets gefährdeten Glauben in den Gemeinden die Ursache für die engagierten Brief-Kontakte mit den einzelnen Ortskirchen. Es handelt sich um keine Schreibtischprodukte oder um literarische Schulmeisterei, sondern um eine echte Gemeindetheologie »im Vollzug«.[4]

Bevor es Evangelien als literarische Werke gab, ist die lebendige Kunde vom heilschaffenden Gott in Jesus (die »viva vox Evangelii«) in christlichen Gemeinden »bezeugt« worden: in erster Linie durch das »Leben« (in Wort und Tat) und erst in zweiter Linie durch den »Text«, dem wir heute im neutestamentlichen Kanon begegnen. »Im Anfang war das *Bild*«, das sich die Menschen vom Christentum gemacht hatten, nicht die »Schrift«, sondern das christliche »Lebens-Zeugnis«, das mit seiner missionarischen Kraft für die ersten Generationen das Tor zum Glauben an Christus geöffnet hatte. Was »bewegt« nun die heutigen Menschen, sich mit unserer Kirche zu befassen? Welches »Bild« machen sich die Kinder, die Jugendlichen, ... die Aussiedler, die Asylanten, ... die Muslime als unsere Nachbarn an der Straßenecke, die Millionen der ungetauften Ostdeutschen ... von unserer Kirche? Ermöglicht oder behindert die Kirche die biblische Glaubensvermittlung? Gibt die Kirche als empirische Größe überhaupt einen Anstoß, sich mit ihr auseinanderzusetzen? Wenn sie schon viel-

fach unter ihrem äußeren Erscheinungsbild leidet, wird sie um so weniger als Heilsgemeinschaft Interesse erwecken und von der Wirkkraft ihres Geistes überzeugen können. Wir müssen als Glieder der »etablierten« Kirchen in unserer Zeit zurückfragen: nach den Erfahrungen, die sich die Menschen von der »jungen« Kirche am Beginn der Christentumsgeschichte gemacht haben.
Unsere Überlegungen vollziehen sich in *drei* Schritten: Zuerst werden wir die alte Frage aufwerfen: Wie verhält sich die Botschaft Jesu von Nazaret zur Verkündigung und zum Lebensmodell der heutigen Kirche (1. Teil)? Anschließend machen wir einen Blick in das Neue Testament, um einzelne theologische Schwerpunkte (»Kirchenbilder«) zu betrachten, welche für die Glaubensvermittlung der jungen Kirche von entscheidender Bedeutung geworden sind (2. Teil). Sind sie zu »Kirchenträumen« geworden? Wenn »ja«, dann müßte es uns zum Abschluß gelingen, unser kirchliches Leben nicht zu träumen, sondern unsere biblischen Träume in der Kirche zu leben. Wir werden (im 3. Teil) nach der Verantwortung fragen, welche die Kirche als »Lernort des Glaubens« *für* das katholische Bibelverständnis hat. Die Impulse *aus* der Bibel sollen zugleich pastorale Orientierung *für* die Kirche sein.

1. Der Bezug zwischen Jesus von Nazaret und der heutigen Kirche

Daß Jesus von Nazaret in Wort und Tat die in der Gegenwart anbrechende Heilszukunft der Gottesherrschaft verkündet hat, gehört zu den am besten erforschten Fakten des »Lebens Jesu«.[5] So erhebt sich schon die Frage nach der »Korrelation von Reich Gottes und Volk Gottes bei Jesus«.[6] Durch die zeichenhaft-prophetische »Auswahl der Zwölf« (Mk 3,13–19; Lk 6,12–16; vgl. Mt 10,1–4) bringt Jesus seinen Anspruch auf Gesamt-Israel als endzeitlich wiederhergestelltes Zwölfstämmevolk Gottes zum Ausdruck. Unter dem *zeitlichen* Gesichtspunkt bedeutet dies nun: Die an Jesu Person gebundene Heilszeit beginnt zwar »jetzt«, wird sich aber erst »künftig« (end-zeitlich) voll-enden. Unter dem *räumlichen* Aspekt läßt sich sagen: Die Sammlung des eschatologischen Gottesvolkes durch Jesus ist zwar auf Israel konzentriert (Partikularität), gilt jedoch der ganzen Welt (Universalität), denn: »Erwählung heißt in der Bibel niemals Bevorzugung gegen die anderen, sondern Herausrufung um der anderen willen«.[7] Schon die Tradition (von Deutero-Jesaja bis zur Apokalyptik) greift hier auf die endzeitliche Wallfahrt der Völker zum Zion zurück (vgl. Jes 2,2–5; Mi 4,1–4); zuerst wird Israel das Heil verkündet; es sollte Werkzeug in der Hand Gottes für das universale Heil der Welt sein.

Zum Unterschied von *Johannes dem Täufer,* der als Gerichtsprediger (vgl. Mt 3,7–10.11f par Lk 3,7–9.16f) die Umkehr (mit dem Ziel der sündentilgenden Taufe) als einzige Rettung vor Gottes Zorngericht ausruft, entsteht mit der Reich Gottes-Verkündigung *Jesu* ein total neues Gottesverhältnis: Das endzeitliche Erwählungshandeln Gottes ist an keine Vorleistung gebunden und rechnet dem Volk Israel nicht die Gerichtsfolgen seiner Unheilsgeschichte vor. Im Gegenteil: Die (vor Gott) Armen werden seliggepriesen (Lk 6,20 par; vgl. Jes 61,1f; 66,2), den Zöllnern und Sündern (Lk 7,34 par; Mk 2,15–17; Lk 7,36–50; 19,1–10) gilt exemplarisch die Tischgemeinschaft Jesu, den Verirrten wird in Güte und Vergebungsbereitschaft das Tor zum Vaterhaus geöffnet (Lk 15), die familiäre Gottesanrede »Vater« (Lk 11,2 par Mt 6,9; vgl. Gal 4,6; Röm 8,15) bringt zum Ausdruck, daß das liebe-volle Gnadenhandeln Gottes die beglückende Konsequenz hat: mit Freude und Frohsinn dem Ruf Gottes im Glauben antworten zu dürfen.

Die gesamte Verkündigung Jesu[8] – in den Gleichnissen und in den Machttaten (Wundern) als Geschehensereignissen der Gottesherrschaft – hat bewirkt, daß diese Zuwendung der bedingungslosen Liebe Gottes (Lk 11,20 par Mt 12,28; Lk 10,9 par Mt 10,7; Mk 1,15) als von Gott initiiertes und zugleich endzeitlich orientiertes Gnadenhandeln erkannt wurde: Jetzt wird konkret erfahrbar, daß der »Freudenbote ... eine frohe Botschaft bringt, Rettung verheißt und zu Zion sagt: Dein Gott ist König!« (Jes 52,7; vgl. 61,1). Es gibt auch keinen Zweifel, daß der von Jesus berufene und gesandte Jüngerkreis (Mk 1,16–20; 3,13–19; 6,6b–13) eine soziologische Kontinuität zwischen der vor- und nachösterlichen Zeit darstellt. Die Faszinationskraft dieser Frohbotschaft von der grenzenlosen Güte und Barmherzigkeit Gottes muß eine enorme Strahlkraft gehabt haben. Für alle Männer und Frauen, die *heute* das Evangelium verkünden, müßte sich sofort die nachdrückliche Frage ergeben: Warum ist unsere Botschaft so freudlos, so langweilig, so düster? Warum wirkt sie eher bedrückend statt befreiend? Warum hat sie vielfach den Charakter einer »Drohbotschaft« statt einer »Frohbotschaft«? Warum läßt sich meist hinter dem abstoßenden Deckmantel der Institution, der Bürokratie und der Autorität in der Kirche kaum mehr das erlösende und beschenkende *Heils*angebot erleben?

Hier müßte noch ein anderer Hinweis auf *Jesus* und auf seine typischen Verhaltensweisen gegeben werden: Einer der wichtigen Schlüssel zur Entdeckung der prägenden Merkmale an der Gestalt und dem Auftreten Jesu ist die Feststellung, daß Jesus genau das »lebt«, was er »sagt«. Sein Umgang mit den ausgestoßenen Randgruppen der damaligen Gesellschaft (Frauen, Kranke, Sünder, Arme, Zöllner ...) bestätigt genau dasjenige, was er lehrt: die vorurteilsfreie und unbedingte Zuwendung Gottes an die Menschen. Auch der Vollmachtsanspruch, der von Jesus bei der verpflichtenden Auslegung der Tora (des »Gesetzes«) geltend gemacht wird, zeigt dieselbe Grundhaltung: Jesus stellt keinesfalls die Tora in Frage, denn sie ist der geoffenbarte Wille Gottes und deshalb auch das Herzstück des jüdischen Lebens (vgl. Ps 119).[9] Aber Jesus wendet sich gegen die zahllosen gruppenspezifischen Unterschiede im frühjüdischen Tora-Verständnis. Das »Gesetz« darf nicht auf eine simple Kasuistik und auf einen sturen Ritualismus heruntergestuft werden (vgl. die 613 Gebote und Verbote im Judentum zur Zeit Jesu). Eine Gesetzespraxis, die den Menschen versklavt und unterjocht oder die zur selbstgefälligen Heuchelei degradiert wird, kann von Jesus nicht toleriert werden. So erklären sich auch viele Konflikte, die von Jesus durch die enge Sabbat-Observanz, durch rein veräußerlichte Speise- und Reinheitsgebote usw. des zeitgenössischen Judentums provoziert wurden (vgl. die Auseinandersetzungen in Mk 2,1–3,6: ein Streit um die Vollmacht Jesu; die Kontroverse um die »Überlieferung der Alten« in Mk 7,13 und die Neufassung der Unterscheidung von »rein–unrein« in Mk 7,14–23).

Sind wir *in unserer Kirche* nicht manchmal nahe an diese jämmerlichen Zerwürfnisse herangekommen? Warum werden ständig neue Zwistigkeiten geschürt? Warum wird bei so manchen (gnadenlos erscheinenden) kirchlichen Maßregelungen der Paragraph (oder die Rechtsvorschrift des Codex Iuris Canonici) ohne Rücksicht auf die »menschliche« Situation der Betroffenen eingesetzt? Warum erstarren zahlreiche (zunächst begeisternde, weil meist aus charismatischem Antrieb entstehende) Initiativen einzelner Christinnen und Christen im langatmigen Bürokratismus der kirchlichen Institutionen? Warum klingt das von den Kirchenleitungen gern gebrauchte Wort von der »Option für die Armen« so unglaubwürdig? Weil sich eben die Kirche viel zu sehr in satter Bürgerlichkeit etabliert hat und den »Worten« viel zu selten »Taten« folgen? Warum leiden unzählige (junge *und* alte) Menschen am harten Zement festgefahrener Kirchenstrukturen, die sich bei einer ehrlichen Begegnung mit der biblischen Botschaft zu einer dringend nötigen »Baustelle« verwandeln müßten?

Der theologisch nicht informierte Beobachter der Kirche versucht eben sofort eine Brücke zu bauen zwischen dem »Kirchen*bild*« und dem »Bibel*text*«. Und seine Enttäuschung ist riesengroß. Er weiß nicht, daß es tatsächlich nicht so einfach ist, sich kurzschlüssig auf Jesus von Nazaret berufen zu können, wenn aktuelle Reformen in der Kirche wünschenswert sind. Aber der feinfühlig suchende und kritisch (auch die Kirche) prüfende Zeitgenosse läßt sich seine »Vergleiche« nicht durch unsere täglich komplizierter werdende Methodenlehre in der Bibelinterpretation[10] »austreiben«. Den christlichen Glauben lernt man in der Tat nicht in der exegetischen Werkstatt, sondern auf der Suche nach einem (oft zufällig) erlebten »Gemeindeleben«, das bedauerlicherweise in den meisten Fällen viel zu wenig Vitalität zeigt; und folglich darf uns das Urteil nicht verwundern, das bereits zum mahnenden Schlagwort geworden ist: Jesus ja – Kirche nein. Aufgrund dieses beängstigenden Symptoms muß der heimtückischen Krankheit nachgegangen werden.

2. *»Kirchenbilder« der Evangelien – Impulse zum Glauben*

Die Evangelien sind als die Lebens- und Lehrbücher junger christlicher Gemeinden mit ihren jeweils spezifischen ekklesiologischen Schwerpunkten zu untersuchen. In den letzten Jahren ist das Interesse an den Anfängen der Kirche sehr gestiegen.[11] In diesem Zusammenhang wird – in methodisch unterschiedlicher Weise[12] – nach den Intentionen Jesu selbst gefragt: »Wie hat Jesus Gemeinde gewollt?«[13] Läßt sich innerhalb des Neuen Testaments eine Entwicklung feststellen, welche von der Heilsverkündigung Jesu zur konkret faßbaren Heilsgemeinschaft der (markinischen, matthäischen ...) Kirche verfolgt werden kann? Wir möchten hier einen kurzen Streifzug unternehmen, der einzelne Charakterzüge der Gemeindetheologie aus den Evangelien hervorhebt.[14]

2.1 Die neue »Familie Gottes« (Markusevangelium)[15]

Unmittelbar nach der Einsetzung der Zwölf (Mk 3,13–19) lokalisiert der Evangelist Markus *drei* Szenen in einem »Haus« (3,20):

A) Verse 10–21:	Jesus wird von seinen VERWANDTEN *verkannt*. Ihre Meinung lautet: »Er ist von Sinnen«.
B) Verse 22–30:	Jesus wird von seinen GEGNERN *verdächtigt*. Ihr Urteil lautet: Er steht als Besessener im Teufelsbündnis.
A′) Verse 31–35:	Die *wahren* VERWANDTEN Jesu vollbringen den Willen Gottes!

Die junge Kirche konnte die Korrespondenz zwischen A) und A′) sofort herstellen; denn sie verstand sich selbst – in *Kontinuität* zur Gottesfamilie des »Ersten Bundes« – als *wahre* »Familie Gottes«: An die Stelle der leiblich-familiären Bindungen tritt die Zugehörigkeit zur *neuen* Gottesfamilie, welche in der konsequenten Kreuzesnachfolge (Mk 8,34–9,1), also der vollen Schicksalsgemeinschaft mit Jesus *den Willen Gottes erfüllt*. Zugleich steht diese neue »Familie Gottes« aber auch in *Diskontinuität* zur bisherigen Tradition Israels (mit seinen verschiedenen Deutungen des geoffenbarten Gotteswillens): Gott nimmt den *ganzen* Menschen in Anspruch, und es kommt in erster Linie auf die »innere Gesinnung« an, die sich keinesfalls den kasuistischen Regeltraditionen der Pharisäer verpflichtet wissen dürfte (vgl. Mk 7,1–23: Rede über »rein und unrein«). Aus diesem Grund versteht sich die markinische Gemeinde als der »neue« Tempel, um – wie das Tempellogion zeigt (Mk 13,2; 14,58; 15,29)[16] – der Kult- und Tempelkritik Jesu zu entsprechen. Die christliche Gemeinde muß imstande sein, sich vom Althergebrachten zu trennen, und sie darf niemals die neue Entfaltung ihrer Lebensäußerungen blockieren (vgl. 2,21f). Ihre Bindung an den »Sohn Gottes« drückt sich im Bekenntnis des römischen (heidnischen!) Hauptmanns aus, der als Zeuge des Kreuzestodes Jesu ausruft: »Wahrhaftig, dieser Mensch war Gottes Sohn!« (Mk 15,39; vgl. 1,1). Die Gemeinde weiß sich in der Eucharistiefeier (Mk 14,22–25) als endzeitlich orientierte Gottesfamilie verbunden und zugleich auf die Völkerwelt hin ausgeweitet (Mk 11,17; 13,10; vgl. 7,24–30). Wie intensiv diese Christen von der nahen Parusieerwartung geprägt waren (vgl. die »Markus-Apokalypse« in Kap. 13), läßt sich aus der dringlichen Forderung erkennen, immer für das Kommen des Herrn bereit zu sein (Mk 13,33–37), um als Heilsgemeinde »voll-endet« zu werden.

2.2 Die »radikale Jesusnachfolge« (Spruchsammlung Q)[17]

Von dieser charismatischen Missionsbewegung haben wir zwar nur eine literarische (und hypothetisch erschlossene) Momentaufnahme eines christlichen Gemeindeverständnisses, aber wir spüren in diesen »Logien« den »heißen Atem der Apokalyptik«.[18] Wenn ständig die Uhr des nahen Gottesgerichtes tickt, dann steht folgerichtig die klare »Entscheidung« für oder gegen Jesus, der mit dem endzeitlichen »Menschensohn« identifiziert wird, auf dem Spiel. Das Heil oder das Unheil entscheidet sich daran, ob der Christ kompromißlos in die radikale Jesusnachfolge eintritt oder nicht (vgl. die Sendungsrede: Lk 10,1–16 par Mt 9,37f; 10,7–16; 11,21–23b; 10,40). Eine heimatlose und schutzlose Existenz zu führen, also – im wahrsten Sinn des Wortes – »un-behaust« und »a-sozial« zu leben, »wie Schafe mitten unter den Wölfen«, ist ein

Lebensprogramm, das die Gestalt Jesu in höchst provokativer Weise herausstellt. Nach dem Modell der von Jesus selbst praktizierten Lebensform, als »wehrloser Friedensbringer« sich mit allen Armen und gesellschaftlich Ausgestoßenen solidarisch zu wissen, wird für *diese* Jesus-Nachfolger die Armut (Lk 6,20 par Mt 5,3), die Sorglosigkeit (Lk 12,22–31 par Mt 6,25–33), die Distanz von allen irdischen Gütern (Lk 12,33–34 par Mt 6,19–21) ... zur unverzichtbaren Voraussetzung ihrer total endzeitlich geprägten Existenz. Besonders unter den politischen Verhältnissen unmittelbar vor dem judäisch-römischen Krieg mit der grenzenlosen Forderung der Liebe (also der »Feindesliebe«; vgl. Lk 6,27f.32–36 par Mt 5,43–48) aufzutreten, hatte eine zeitgeschichtlich besondere Brisanz; es wurde gefährlich, ein Christ zu sein!

2.3 Kirche: Unter der Führung des »Heiligen Geistes« (Lukanisches Doppelwerk)[19]

»Verheißung und Erfüllung« sind für das lukanische Denken grundlegende heilsgeschichtliche Größen: In der »Zeit der Kirche« erfüllen sich die in Jesus geoffenbarten Verheißungen Gottes: In konzentrischen Kreisen – beginnend in Jerusalem – wird sich der Weg des Christentums vom alten Heilsvolk Israel zu den Heidenvölkern entwickeln (Apg 1,8; 2,23.38–40 . . .). Die Zeit des irdisch-geschichtlichen Lebens Jesu ist für die spätere Kirche von unverzichtbarer Bedeutung: Sein Wirken – aus der schöpferischen Kraft des Gottesgeistes hervorgehend (Lk 1,35) und prophetisch auftretend (Lk 3,22) – entmachtet den Satan (Lk 10,18) und ruft das alte Gottesvolk Israel in die Entscheidung (vgl. Lk 2,34) zur Annahme des Heilsangebotes Gottes.
Für das Werden und Wachsen der »Kirche« im göttlichen Heilsplan ist die Erfüllung der verheißenen endzeitlichen Geistausgießung (Joël 3,1–5; vgl. Apg 2,4.17–21) eingetreten; sie gründet sich auf das irdische Wirken Jesu und wird von den Jüngern als Repräsentanten der späteren Gläubigen sowie von den Zwölf, die als Zeugen des Jesus-Lebens die Gemeindeleitung von Jerusalem übernehmen, weitergeführt. *Der Heilige Geist ist die innerlich*

wirkende Kraft Gottes in dieser Entwicklung der jungen Kirche; die prophetische Inspiration, die hoffnungsvolle Ermutigung und die dynamische Kirchenleitung in dieser Gründungszeit der Kirche werden aus dem unerschöpflichen Reichtum göttlicher Geistesgaben genährt. Die lukanische Gemeinde empfindet immer deutlicher, daß sich aus der religiösen Botschaft Jesu und der frühen christlichen Verkündigung (Jünger, Apostel, Zweiundsiebzig ...) fundamentale Lebensgrundsätze ergeben: Eine *neue Wertordnung,* in der irdischer Besitz und Reichtum bedeutungslos werden (Lk 12,23–34; 14,33; 16,1–31; 18,18–30; Apg 2,44f; 4,32.34f; 5,1–10 ...). Unter den Charakteristika des lukanischen Gemeindelebens steht die *Hochschätzung der Frau* (vgl. Lk 8,2f; Apg 1,12–14; 5,14; 8,12; 9,36–42 ...) und die besondere *Gebetskultur,* wofür Jesus selbst das Vorbild ist (vgl. Lk 3,21; 5,16; 6,12 ... Apg 1,14.24; 2,42; 3,1; 4,24f; 6,4,6; 7,59 ...). Die missionarische Strahlkraft des christlichen Gemeindelebens (in Jerusalem und in Antiochien) wird speziell in den Basistexten (Summarien: Apg 2,42.44–47a; 4,32–34; 5,12) hervorgehoben.

2.4 Die »geschwisterliche Gemeinde« (Matthäus)[20]

Die sich universal ausweitende Völkerkirche (Mt 28,19f), die sich im gesellschaftlichen Leben bereits klar erkennbar von der jüdischen (pharisäischen) Synagoge absetzt, stellt in den einzelnen Redekomplexen theologische und ethische Schwerpunkte des Gemeindelebens in den Mittelpunkt; so geht es beispielsweise in der Bergpredigt (Mt 5–7) primär um die »wahre Gerechtigkeit« (Mt 5,20), welche die Jesusjünger von den Pharisäern »unterscheiden« müsse; auch in der Jüngeraussendungsrede (Mt 10) wird vom Hintergrund der missionarischen Bemühung früher christlicher Gemeinden verständlich: Die Apostel sind wirklich »Gesandte«[21], welche den sendenden Jesus real vergegenwärtigen und – als Spiegelbild Jesu – glaubwürdig sein müssen. Ganz besonders markant bemüht sich der Evangelist, in der Gemeinderede (Mt 18) das »Kleinwerden« (Mt 18,1–14 hat als Stichwort »die Kleinen«) und das Ideal der »geschwisterlichen Gemeinde« (Mt 18,15–34 hat als Stichwort »den Bruder«) hervorzuheben. Der Dialog, der zwischen dieser (sehr heidenchristlich dominierten) Gemeinde und dem Evangelisten besteht, zielt vor allem auf die Bewährung in Zeiten großer Verwirrung (Zweifel, Kleinglaube, Verführung ...) und auf eine bleibende *Herausforderung zur Jesus-Nachfolge,* welche in einer veränderten Situation in Gefahr ist: denn im Vergleich zum Milieu der charismatischen Wandermission, aus der zweifellos die Spruchsammlung Q stammt, sind lokale Gemeinden durch ihre Etablierung viel weniger »herausgefordert«, in der radikalen Leidens- und Schicksalsgemeinschaft mit dem »Herrn« die Treue zu bewahren. Diese Missionare sind leuchtende Vorbilder.

Dort, wo das erwählte Volk versagt hat, muß das von Jesus gesammelte Gottesvolk Früchte bringen (Mt 7,15–20): und dies besteht im *»Tun« des Willens Gottes.* Was in der Drohrede gegen die Schriftgelehrten und Pharisäer gesagt wird (Mt 23), soll eine Mahnung an die matthäische Gemeinde sein; denn auch *sie* könnte im Fall des Versagens dem Gottesgericht verfallen. Vielmehr sollen sich die Christen vor Gott und voreinander »klein wie die Kinder« wissen, um so – in christlicher Demut (also im wirklichen Mut zum Dienen) – auf dieser Welt »unterwegs« zur Vollendung durch Gott (zum »Himmelreich«) zu verbleiben.

2.5 »Einheit und Liebe unter Freunden« (Johannes)[22]

Ein Blick auf die Hirtenrede (Joh 10,1–18) oder auf die Weinstock-Metapher in der testamentarischen Mahnrede (Joh 15,1–17) läßt sofort die theozentrisch konzipierte Christologie erkennen, welche *die* Grundlage für alle ekklesiologischen Aussagen darstellt. Die »Gaben« der Einheit und der Liebe unter den Jüngern, welche wie in der gesamten Evangelienüberlieferung die Gemeinde repräsentieren, werden zu »Aufgaben« für alle Glaubenden in dieser Welt. Denn nur dann, wenn »alle eins sind« (Joh 17,21; vgl. Joh 17,23), wird die »Welt« von der Sendung Jesu überzeugt werden und den Weg zu Gott finden. Das Selbstverständnis der johanneischen Gemeinde spiegelt sich beispielsweise im »Gebet zum Vater« (Joh 17) in besonderer Weise[23]; denn es gehört zu den dringlichsten Zielen einer Abschiedsrede, die Hörer und Hörerinnen auf

konkrete Verhaltensweisen zu verpflichten, die demjenigen, der Abschied nimmt, ganz besonders am Herzen liegen. Daß dies die (ekklesiale) Einheit und die (zunächst auf das Gemeindeleben bezogene) Liebe unter den Christen sein müssen, gehört zu den Leitlinien der johanneischen Gemeindetheologie. Gewiß sollen die Grenzen der Liebe nicht mit den Grenzen der Kirche zusammenfallen; so will die christliche Freundschaftsethik (vgl. Joh 15,12–15; 3 Joh 12) bei »Johannes« nicht verstanden werden. Es geht vielmehr darum, daß *»intern« die liebevolle Atmosphäre der Einheit* (mit Christus und untereinander) praktiziert wird, bevor dieses christliche Verhalten *missionarische* Impulse entfalten kann.
Hier wird offenbar, daß die Aktualisierung der biblischen Botschaft weniger mit »Worten« als vielmehr mit dem »Leben« zu tun hat; ein »Ort des Glaubens« müßte folglich ein »Ort der Liebe« sein, wo sich Menschen geborgen fühlen, und wo auch zunächst die Bewältigung von Problemen (Konfliktlösung) im eigenen Bereich erfolgreich praktiziert werden müßte. Die Solidarität der Glaubenden (als Gemeindeglieder) durch die intensive Christusverbundenheit macht die »Kirche« stark, wenn sie mit äußeren Anfeindungen (Verfolgungen) und inneren Schwierigkeiten (Glaubenszweifel, Verunsicherungen) konfrontiert wird.

3. *Die Verantwortung der Kirche als »Lernort des Glaubens« für das katholische Bibelverständnis*

»Gottes Wort voll Ehrfurcht hörend und voll Zuversicht verkündigend«[24] hatte sich die junge Kirche berufen gefühlt, sich kreativ mit ihren aktuellen Gemeindeproblemen zu beschäftigen. Den Sinn des Gotteswortes zu erforschen, das sich in »Texten« bezeugt, konnten in der christlichen Tradition niemals die Gelehrten als Monopol beanspruchen, sondern war stets die Aufgabe der ganzen Kirche.[25] Zumindest seit der Enzyklika »Divino afflante Spiritu«[26] – im Jahr 1993 soll mit Recht an den 50. Jahrestag dieses Dokuments von Pius XII. (30. 9. 1943) erinnert werden – darf sich der katholische Exeget im gewissenhaften Einsatz wissenschaftlicher Methoden nicht im geringsten von anderen christlichen Bibelinterpreten unterscheiden. Jedoch ist der katholische Bibelwissenschaftler verpflichtet, seine historisch-kritisch[27] erarbeiteten Ergebnisse der Bibelauslegung *im großen Rahmen der lebendigen kirchlichen Tradition* zu sehen.

3.1 Die Kirche – selbst ein Geschöpf des Wortes (creatura Verbi) – ist zum Dienst am Wort bestellt

Da sich die Kirche immer in Kontinuität mit dem Christusereignis (Leben, Tod und Auferweckung Jesu) wußte, konnte und kann sie sich stets der Gegenwart des erhöhten Herrn erfreuen.

Joh 14,25: »Der Paraklet aber, der heilige Geist,
den der Vater in meinem Namen senden wird,
er wird euch alles *lehren*
und euch an alles *erinnern,*
was ich zu euch gesagt habe.«

In der tieferen Erschließung der göttlichen Offenbarung wird es also – nach den Aussagen der Parakletsprüche[28] – einen *geistgewirkten Erkenntnisprozeß* geben, welcher einerseits den Rückbezug auf Jesus garantiert[29] und andererseits das Offenbarungszeugnis situationsgerecht (in Verfolgungen: vgl. Joh 15,26f; 16,7b–11 im Kontext von Joh 16,1–4) aktualisiert. Zugleich ist die Bibel »ein Spiegel, in dem die Kirche Gott, von dem sie alles empfängt, auf ihrer irdischen Pilgerschaft anschaut, bis sie hingeführt wird, ihn von Angesicht zu Angesicht zu sehen, wie er ist (vgl. 1 Joh 3,2)«.[30] Es werden nicht nur die Bibelauslegungen der *Kirchenväter* hochgeschätzt, sondern auch *das gesamte Gottesvolk* der Kirche trägt durch seinen »vom Geist der Wahrheit geweckten Glaubenssinn«[31] in aktiver Weise an der Erklärung der Heiligen Schrift bei. Der hohe Stellenwert der Gnadengaben des einzelnen Christen und speziell der Gemeinde, die Gottesdienst feiert, ist für den meditativen Zugang zu den Schriftaussagen von hoher Bedeutung.[32] Wie die Bibel selbst mit ihren eigenen vorgegebenen Traditionen in einem bereichernden und kreativen Dialog steht (wenn z. B. Ps 110 benützt wird, um Mk 12,35–37 die Lehre über den

Messias darzustellen, oder wenn Röm 4 die Glaubenshaltung Abrahams und das »neu-schöpferische Handeln Gottes« in einen typologischen Bezug gebracht werden, – man könnte zahllose Beispiele nennen –), so sind auch die jeweils *neuen Lebenserfahrungen* der Kirche für das Verständnis biblischer Aussagen konstitutiv. Die religiöse Situation (der einzelnen Getauften und der kirchlichen Gemeinschaft) ist für die gläubige Antwort auf den Ruf des Wortes Gottes mit-entscheidend. Umgekehrt betrachtet, hängt die Intensität des kirchlichen Lebens weitgehend von der Vitalität des biblisch bezeugten Gotteswortes ab, das in der Kirche verkündet wird.[33]

3.2 Die Kirche »aktualisiert« und »interpretiert« die Bibel

»Das Wort unseres Gottes bleibt in Ewigkeit« (Jes 40,8b), aber nicht als historisches Relikt, sondern als lebendige Kraft. Die göttliche Offenbarung, die in Jesus Christus ihren unüberholbaren Höhepunkt erreicht hat (vgl. Hebr 1,1f; Joh 1,18; 3,34; 5,36; 14,9; 17,4), hält einen unerschöpflichen Reichtum bereit. Aus dieser Einsicht heraus hat die Kirche die *Lehre vom mehrfachen Sinn der Heiligen Schrift* entwickelt[34], wobei wir heute – dank der philosophischen Hermeneutik – wieder vertiefte Einsichten in diese Kunst des Textverständnisses gewinnen: Sogar der *Literalsinn* (sensus litteralis) muß die ganze Dynamik der »Offenbarungssprache« mitberücksichtigen und kann sich nicht auf simple Wortbedeutungen (in der Intention des Verfassers) beschränken.[35] Unumgänglich notwendig ist der *»geistliche Sinn«* der Bibel: Denn unter dem Eindruck des Osterereignisses und unter der Führung des (als österliche »Frucht« geschenkten) Geistes Gottes verändert sich die Perspektive der Leser/Leserinnen, da sie um die Intention des Textes wissen: die Lebensverbindung mit dem lebendigen Gott ermöglichen zu wollen. Der »Vollsinn« *(sensus plenior)* mancher biblischer Aussagen hat noch kirchliche Lehrentwicklungen zu berücksichtigen, welche die Tiefgründigkeit mancher Begriffe klären helfen sollten (z. B. die theologische Bedeutung des Lexems »Jungfrau« im Textbezug zwischen Mt 1,23 und Jes 7,14; das Verständnis der Sündenfallgeschichte von Gen 3 im Zusammenhang mit der Ursündenlehre von Röm 5,12–21).

Wenn die Bibel im kirchlichen Kontext in das »Hier und Heute« (aus der Vergangenheit) »herübergeführt« wird, müssen alle *methodischen Regeln* und ein Höchstmaß an *zeitgeschichtlicher Information* beigebracht werden[36]; alle sektiererisch-fundamentalistischen Tendenzen müssen als Einseitigkeiten vermieden werden; und im Hinblick auf die vom Evangelium zur höchsten Kultur entwickelten Werte der Liebe und der Gerechtigkeit dürfte es niemals zu Entgleisungen in der Bibelerklärung kommen (Anklänge an antisemitische, sexistische ... Fehlinterpretationen). Die Verwurzelung der biblischen Botschaft in den *vielfältigsten Kulturen* (»Inkulturation«; vgl. Gen 1,27f; 12,3; 18,18; Mt 28,19f) ist eine »kirchliche« Aufgabe, welche enormes Einfühlungsvermögen in die Kultur und in die Weisheit der Völker verlangt.[37]

Kirchliche Glaubensvermittlung vollzieht sich in besonders qualifizierter Weise in der *Liturgie* und ganz speziell in der Feier der *Eucharistie*. In diesen festlichen Stunden wissen die Christen: »Uns ist die gleiche Freudenbotschaft verkündet worden wie jenen (= der Wüstengeneration); doch hat ihnen das Wort, das sie hörten, nichts genützt, weil es sich nicht durch den Glauben mit den Hörern verband« (Hebr 4,2). So gehören also das Gehörte und der Hörer zusammen. Wo wird dies am besten zum Ausdruck kommen? In der (möglichst täglichen) *geistlichen Schriftlesung*, in der *katechetischen* Bemühung, Menschen zur Glaubenserfahrung zu führen, in der *Wortverkündigung* (besonders in der Predigt) und in einer *geistlich-kommunikativen Pastoral*, die von der biblischen Spiritualität geprägt ist.

3.3 Glaube wird von uns nicht »gemacht«, sondern von Christen »bezeugt«

Dort kann die unverzichtbare Bedeutung von »Bekenntnis« am besten erkannt werden, wo das »Stiftungsgeschehen für Kirche«[38] anzusetzen ist: Im *Osterereignis:* Hätten wir die perfektesten rhetorischen und didaktischen Hilfsmittel, um vom Kreuz und von der Auferweckung Jesu zu »reden«, so wäre noch lange nicht der Beginn der »Neu-Schöpfung« durch Gott (Gal 6,15; 2 Kor 5,17) in dieser Weltgeschichte angebrochen. Aber *weil* den ersten Frauen (um Maria von Magdala) am Ostermorgen der Kernsatz des christlichen Glaubensbekenntnisses geoffenbart wurde (Mk 16,6/Mt 28,6/Lk 24,6: Der Gekreuzigte »ist auferweckt worden!«) und *weil* die ersten Zeugen der Erscheinungen des Auferstandenen (angefangen von Simon Petrus und den »Zwölf«; vgl. 1 Kor 15,5) die Osterbotschaft durch ihr Lebenszeugnis in die Welt gerufen haben, hat *die »österliche« Kirche ihren Sendungsauftrag erfüllt:* zum Glauben an den Gekreuzigt-Auferweckten (= das »Evangelium« von Paulus) zu führen und die von Gott gegebene Garantie zu vermitteln: Gott hat end-gültig »Ja« gesagt zum (gnadenhaft-unzerstörbaren) Leben (= Ziel der Verkündigung des Johannesevangeliums an alle, die glauben; vgl. Joh 20,31). Nun ist *wahrhaftig* die Gnadenherrschaft Gottes angebrochen (= endzeitlich orientierte Verkündigung Jesu von Nazaret), weil sie in Jesus Christus zur geschichtlichen Erfahrung geworden ist.

Angesichts *dieser* Botschaft *muß* sich die Glaubensvermittlung der Kirche auf eine »evangelisierende Pastoral« stützen, die sich nicht durch eine resignative Grundstimmung der kirchlichen Großwetterlage beeinflussen läßt. Die Bemühungen, daß die Glaubensinhalte nicht nur den Verstand, sondern vor allem auch das Herz der Menschen erreichen, hängen zu einem beträchtlichen Teil davon ab, ob die Botschaft »gelebt« wird: die markinische Gemeinde (vgl. 2. Teil) hat neben aller Wertschätzung der »Lehre« Jesu seine Weisung »in die Tat umgesetzt«, um als »neue Familie Gottes« den göttlichen Willen zu erfüllen. Jesusnachfolge (vgl. 2. Teil: Spruchsammlung Q) muß zuerst praktiziert werden, bevor sie attraktiv anderen Menschen als Lebensprogramm vorgeschlagen wird. Die unwiderstehliche Kraft des Heiligen Geistes (vgl. 2. Teil: Lukas) muß in der Kirche »erfahrbar« sein, damit wir es mit gnadenhaft »begeisterten« Christen zu tun haben können. Das Erleben von »geschwisterlichen Gemeinden« und von Menschen, auf deren Lebenszeugnis (»Seht, wie sie einander lieben!«) hingewiesen werden kann (vgl. 2. Teil: Matthäus, Johannes), gehört zu den Voraussetzungen, wirkungsvoll (in der Schule, in der Weltmission ...) dem Christusglauben ein glaubwürdiges »Wort« und damit Gehör zu geben.

Anmerkungen

1 Zeitgeschichtlich zuverlässige Informationen gehören zur unverzichtbaren Grundlage der Exegese: *J. Maier*, Zwischen den Testamenten. Geschichte und Religion in der Zeit des zweiten Tempels (NEB – Ergänzungsband 3 zum AT), Würzburg 1990; *J. E. Stambaugh – D. L. Balch*, Das soziale Umfeld des Neuen Testaments (GNT 9), Göttingen 1992; instruktiv sind auch die von *Ch. K. Barrett* u. *Cl.-J. Thornton* herausgegebenen Texte zur Umwelt des Neuen Testaments (UTB 1591), Tübingen 1991.

2 Vgl. *N. Brox*, Kirchengeschichte des Altertums (Leitfaden Theologie 8), Düsseldorf [3]1990; *K. Aland*, Geschichte der Christenheit, Bd. I: Von den Anfängen bis an die Schwelle der Reformation, Gütersloh [2]1990; *J. Becker* u. a., Die Anfänge des Christentums. Alte Welt und neue Hoffnung, Stuttgart–Berlin–Köln–Mainz 1987.

3 Sehr gut zusammengefaßt von *T. Söding*, Zur Chronologie der paulinischen Briefe. Ein Diskussionsvorschlag, in: BN 56 (1991) 31–59.

4 Weil die Briefe von einem Lebensprozeß in den Gemeinden Zeugnis geben und zur »Handlung« anleiten sollen, ist es sinnvoll, sie als »symbuleutische« Texte zu bezeichnen (συμβουλεύεσθαι = etwas anraten, zu tun oder zu unterlassen).

5 Vgl. *H. Merklein*, Jesu Botschaft von der Gottesherrschaft. Eine Skizze (SBS 111), Stuttgart [3]1989; *H. Ritt*, Jesu Botschaft vom Reich Gottes, in: *M. Müller* (Hrsg.), Senfkorn Bd. II/1, Stuttgart 1986, 215–237.

6 *G. Lohfink*, Die Korrelation von Reich Gottes und Volk Gottes bei Jesus, in: ThQ 165 (1985) 173–184.

7 *G. Lohfink*, a.a.O., 182.

8 Eine (zwar manchmal zu wenig differenzierende) Zusammenfassung bietet in übersichtlicher Form *J. Gnilka*, Jesus von Nazaret. Botschaft und Geschichte (HThK-Supplementband 3), Freiburg–Basel–Wien 1990.

9 Mit hohem Einfühlungsvermögen informiert *F. Mußner*, Traktat über die Juden, München 1979; *ders.*, Die Kraft der Wurzel. Judentum – Jesus – Kirche, Freiburg–Basel–Wien 1987; eine sehr umfangreiche Literaturliste gibt *F. Dexinger*, Art. Judentum, in: TRE XVII (1988) 331–377 (Literatur: 370–377); speziell hervorzuheben ist *J. Neusner*, Das pharisäische und talmudische Judentum, Tübingen 1984, und *K. Kertelge* (Hrsg.), Das Gesetz im Neuen Testament (QB 108), Freiburg–Basel–Wien 1986.

10 In der Praxis schon kaum mehr ausführbar sind die Vorschläge von *B. Willmes*, »Extreme Exegese«. Überlegungen zur Reihenfolge exegetischer Methoden, in: Biblische Notizen 53 (1990) 68–99; ein bewährtes methodisches Programm: *H. Ritt*, Bibelauslegung in der pastoralen Praxis, in: *W. Beinert* (Hrsg.), Nicht wie die Schriftgelehrten. Theologie – eine Chance für die Verkündigung, Regensburg 1990, 13–29.

11 *W. Kirchschläger*, Die Anfänge der Kirche. Eine biblische Rückbesinnung, Graz–Wien–Köln 1990; *L. Schenke*, Die Urgemeinde. Geschichtliche und theologische Entwicklung, Stuttgart–Berlin–Köln 1990; *H.-J. Venetz*, So fing es mit der Kirche an. Ein Blick in das Neue Testament, Zürich [4]1990; *P. Hoffmann*, Das Erbe Jesu und die Macht in der Kirche (Topos Taschenbuch Bd. 213), Mainz 1991.

12 Um eine konstruktive Vorarbeit für die dogmatische Rezeption biblischer Aussagen zu ermöglichen, hat *W. Kirchschläger* die historische *Rück*schau mit der systematischen *Zusammen*schau verbunden; diese Arbeitsweise ist ein geglücktes Wagnis, dem die *historisch-genetische* Methode von *L. Schenke* mit ihrem überlieferungsgeschichtlichen Leitfaden zur Seite steht. Beide Arbeiten sind zuverlässig und verständlich.

13 *G. Lohfink*, Wie hat Jesus Gemeinde gewollt? Zur gesellschaftlichen Dimension des christlichen Glaubens, Freiburg–Basel–Wien [8]1989.

14 Es können nur wenige – aber dennoch typische – Beispiele angeführt werden; vgl. auch *H. Ritt*, Gemeindemodelle im Neuen Testament, in: BiLi 61 (1988) 133–140.

15 Vgl. *T. Söding*, Glaube bei Markus. Glaube an das Evangelium, Gebetsglaube und Wunderglaube im Kontext der markinischen Basileiatheologie und Christologie (SBB 12), Stuttgart 1985; *P. Dschulnigg*, Sprache, Redaktion und Intention des Markus-Evangeliums. Eigentümlichkeiten der Sprache des Markus-Evangeliums und ihre Bedeutung für die Redaktionskritik (SBS 11), Stuttgart 1984.

16 Das ursprüngliche »Rätselwort« Jesu geht mit großer Wahrscheinlichkeit auf eine apokalyptisch radikalisierte Gerichtsrede zurück (vgl. äthHen 90,28f): beim Kommen des Messias werde ein »neues Haus« entstehen; das Logion wurde dann in verschiedener Weise gedeutet: als vaticinium ex eventu (Mk 13,2), als gerichtliches Belastungsmaterial (Mk 14,58), als Spott (Mk 15,29), zur Deutung der Auferweckung Jesu (Joh 2,29) und in der Kultkritik der späteren hellenistisch-judenchristlichen Gemeinde (Apg 6,14). So wird nun nicht mehr ein »Haus«, sondern die »Gemeinde« im markinischen Verständnis zum »neuen Tempel Gottes«.

17 Vgl. *P. Hoffmann*, Studien zur Theologie der Logienquelle (NTA 8), Münster [3]1982; *S. Schulz*, Q – Die Spruchquelle der Evangelisten, Zürich 1972; *A. Polag*, Die theologische Mitte der Logienquelle, in: *P. Stuhlmacher* (Hrsg.), Das Evangelium und die Evangelien (WUNT 28), Tübingen 1983, 103–111. *T. Schmeller*, Brechungen. Ur-

christliche Wandercharismatiker im Prisma soziologisch orientierter Exegese (SBS 136), Stuttgart 1989.

18 Einen vorzüglichen Einblick in die historischen Voraussetzungen des apokalyptischen Geschichtsverständnisses bietet *K. Müller*, Studien zur frühjüdischen Apokalyptik (Stuttgarter Biblische Aufsatzbände 11), Stuttgart 1991.

19 Vgl. *G. Lohfink*, Die Sammlung Israels. Eine Untersuchung zur lukanischen Ekklesiologie (StANT 39), München 1975; *F. Bovon*, Lukas in neuer Sicht. Gesammelte Aufsätze (Biblisch-Theologische Studien 8), Neukirchen–Vluyn 1985; *F. W. Horn*, Glaube und Handeln in der Theologie des Lukas, Göttingen 1983.

20 Vgl. *H. Frankemölle*, Jahwebund und Kirche Christi. Studien zur Form- und Traditionsgeschichte des »Evangeliums« nach Matthäus (NTA.NS 10), Münster [2]1984; *H. Giesen*, Christliches Handeln. Eine redaktionskritische Untersuchung zum δικαιοσύνη-Begriff im Matthäus-Evangelium (EHS.T 181), Frankfurt/Main 1982.

21 Das hebräische Äquivalent zu ἀπόστολος ist nach jüdischem Rechtsbrauch der »schālīaḥ«, der »Gesandte«, welcher autoritativ an die Stelle des Sendenden tritt und rechtskräftig wirksam werden kann; er ist zu rigorosem Gehorsam verpflichtet und hat in allen Angelegenheiten dem Auftrag durch den Sendenden Folge zu leisten; das heißt: er ist sein Stellvertreter.

22 Vgl. *T. Onuki*, Gemeinde und Welt im Johannesevangelium. Ein Beitrag zur Frage nach der theologischen und pragmatischen Funktion des johanneischen Dualismus (WMANT 56), Neukirchen–Vluyn 1983; *K. Wengst*, Bedrängte Gemeinde und verherrlichter Christus. Der historische Ort des Johannesevangeliums als Schlüssel zu seiner Interpretation (BithSt 5), Neukirchen–Vluyn 1981.

23 *H. Ritt*, Das Gebet zum Vater. Zur Interpretation von Joh 17 (fzb 36), Würzburg 1979.

24 Mit diesen Worten beginnt das Proömium der dogmatischen Konstitution über die göttliche Offenbarung »*Dei verbum*« vom 18. Nov. 1965.

25 Vgl. *J. Ratzinger*, Schriftauslegung im Widerstreit. Zur Frage nach Grundlage und Weg der Exegese heute, in: *ders.* (Hrsg.), Schriftauslegung im Widerstreit (QD 117), Freiburg–Basel–Wien 1989, 15–44.

26 *H. Denzinger – P. Hünermann*, Kompendium der Glaubensbekenntnisse und kirchlichen Lehrentscheidungen, Freiburg–Basel–Rom–Wien [37]1991, nr. 3825–3831.

27 Die historisch-kritische Methode bleibt auch unter Einbeziehung vieler anderer Arbeitsschritte (linguistische, soziologische, psychoanalytische, feministische, kulturanthropologische ... Hilfestellungen) *die* Basismethode der wissenschaftlichen Texterschließung.

28 Die Parakletsprüche (Joh 14,16f.26; 15,26f; 16,7b–11.13–15) übertragen die Funktion biblisch-frühjüdischer Fürbitter (Abraham, Mose, einige Propheten ... auch Engel) auf den erhöhten Christus (1 Joh 2,1)

bzw. auf den personalisierten »Geist« Gottes, der an der Stelle Jesu in der Kirche weiterwirkt (vgl. auch Röm 8,27.34).

29 Diese Aufgabe hat auch der »geliebte Jünger« (Joh 13,23–26; 19,26f; 20,3–10; 21,7.20–23.24), *in* dem (gleichsam als Sprachrohr) der Paraklet redet; so wird der »geliebte Jünger« (möglicherweise die Gründergestalt der joh Gemeinde) zum qualifizierten Garanten der Tradition, die uns im Johannesevangelium überliefert ist.

30 *Dei verbum,* nr. 7. Das zweite Kapitel (nr. 7–10) spricht von der Weitergabe der Offenbarung.

31 Vgl. die Kirchenkonstitution »*Lumen gentium*«, nr. 12 und die Liturgiekonstitution »*Sacrosanctum Concilium*«, nr. 7.

32 Vgl. *Dei verbum,* nr. 22 und 25.

33 *Dei verbum,* nr. 21 (das gesamte 6. Kapitel ist dem Thema »Die Heilige Schrift im Leben der Kirche« gewidmet; nr. 21–26).

34 Die spätmittelalterlichen hermeneutischen Zugänge zur Bibel wurden mit dem Distichon von *Augustinus von Dänemark* († 1285) charakterisiert: »Littera gesta docet / quid credas allegoria / moralis quid agas / quo tendas anagogia.«

35 Ein Beispiel: Die »Sprachspiele« zwischen dem vordergründigen und dem hintergründigen Sinn von Aussagen im Johannesevangelium (»johanneische Mißverständnisse«) wären nicht verständlich, würde man den Literalsinn mit einem »buchstabengetreuen« Übertragen von Lexemen verwechseln. Fanatisch-fundamentalistische Bibellektüre *müßte* sich hier endlich informieren lassen, *wie* Texte verstanden werden müssen!

36 Auch manche Versuche der sogenannten »Kreativen Bibelarbeit (in Gruppen)« oder das (nur sehr begrenzt erfolgreiche) »Bibelteilen« zeigen bedenkenswerte methodische Mängel. Es wäre dringend nötig, die zeitgeschichtlichen Informationen zur gegebenen Zeit in das Bibelgespräch einzubringen, weil sonst der Subjektivismus (bunter Meinungen) die Oberhand gewinnt.

37 In vorzüglicher Zusammenschau vom Missionsdekret »*Ad gentes*«, nr. 22 geboten.

38 *W. Kirchschläger,* Die Anfänge ... (Anm. 11), 34–43; *L. Schenke,* Die Urgemeinde ... (Anm. 11), 11–33.

Konrad Baumgartner

Das Erzählen von Gottes großen Taten

Verkündigung und Evangelisierung als Dienst am Glauben

1. Voraus-Fragen

Wenn wir von »Verkündigung« sprechen, dann denken wir zumeist sofort und ausschließlich an die Predigt: der Prediger selbst, der mehr oder weniger unter der Last dieser Aufgabe leidet; die Hörer, die nicht selten klagen über die Welt- und Lebensfremdheit der Predigten, über ihre fremde Sprache oder die als lang und zu lang erlebten und erlittenen Predigten, die aber auch von so mancher Predigt »leben«: in der ihnen etwas aufgegangen ist für ihren Glauben und für ihr Leben, in der einer betroffen darüber wurde, daß diese Rede ihn »anging«, ihn ermutigt oder getröstet, vielleicht auch zur Änderung seines Lebens bewegt hat.
Lassen wir als erstes diese Frage an uns selber zu: Wie erleben wir uns selbst als mit der Verkündigung der Kirche Beauftragte: bei der Vorbereitung, im unmittelbaren Vollzug, im Echo unserer Hörer? Könnten wir selbst von dieser oder jener Predigt, Ansprache, Rede oder einem gedruckten Verkündigungs-Text sagen: davon bin ich bewegt worden? Dadurch hat sich etwas bewegt: in meinem eigenen Leben, im Leben unserer Gemeinde, der Kirche, der Gesellschaft – positiv oder auch negativ?
Beim Bedenken solcher Fragen werden uns schon elementare Einsichten zu unserem Thema deutlich: Verkündigung/Evangelisierung meint nicht nur den Vorgang der Predigt. Es gibt vielmehr eine Fülle von Kommunikationsformen des Glaubens. Zudem ist klar: verschiedenste »Verkündiger« werden aktiv, erreichen die Wellenlänge des Hörers oder gehen daran vorbei – in den verschiedenen liturgischen Feiern Priester, Diakone, Pastoralassistenten/innen; Frauen und Männer im »Wort zum Sonntag« oder in anderen kirchlichen Sendungen; Religionslehrer/innen, wenn sie ihr Lebens- und Glaubenszeugnis einbringen im Unterricht; El-

tern und Großeltern, wenn sie den Kindern religiöse oder biblische Geschichten erzählen, mit ihnen christliche Feste feiern oder ganz einfach ihren Glauben vorleben im Alltag. Die Zuhörer werden davon angesprochen, beginnen sich zu fragen, halten ihr Leben mit dem zusammen, was ihnen die verschiedenen »Verkündiger« mitteilen.

Wir sehen: Hörer des Wortes sind gar nicht so passiv, wie man aufs erste meinen könnte. Manchmal sind sie gelangweilt, oft auch betroffen, bewegt, deprimiert oder zuversichtlich geworden durch das Zeugnis des Wortes. Dabei geht es nicht nur um die Frage: Welche Qualität hat diese Verkündigung sprachlich – ist es eine weltfremde Sondersprache, eine Sprache »ohne Bilder und Gleichnisse«, abstrakt und theoretisch? Wichtiger ist, ob diese Rede »erfahrungshaltig«, erfahrungsbezogen ist: verbunden mit den Fragen und Problemen der Menschen, lebensdeutend und lebenserhellend. Wichtig ist auch die Frage nach der Glaubwürdigkeit: Stimmen das Wort der Verkündigung und das Zeugnis dessen, der verkündigt, überein? – eine Frage, die nicht nur die Amtsträger in der Kirche angeht, sondern jeden einzelnen Christen. Reden wir »in Vollmacht« wie Jesus, oder wie die Schriftgelehrten – indem wir tun, was wir sagen, besser noch: indem wir sagen, was wir tun? Im Bild gesagt: Ist der Verkündiger wie ein Wegweiser, der den Weg zwar zeigt, aber ihn selbst nicht geht? Und: wie steht es um die Kraft dieses Zeugnisses heute: ist es »gefragt« oder wird es mehr und mehr ausgeblendet aus der Lebenswelt der Menschen?

2. Nöte und Chancen der Weitergabe des Glaubens heute

2.1 Zur Situation

Der Eindruck, daß Religion und Glaube mit dem Leben des Menschen immer weniger zu tun haben, ergibt sich heute in vielfacher Weise: die regelmäßigen Kirchenbesucher nehmen sowohl in Großstadtgemeinden wie im ländlichen Bereich nach wie vor ab. Das Leben der Kirche und ihre Vorstellungen vom Leben werden oft nicht mehr wahr-, geschweige denn ernstgenommen. Religio-

sität ist zur Privatsache geworden – in der Öffentlichkeit, im Berufsleben, in der Nachbarschaft, zuweilen sogar im Leben der Familien selbst. Eltern sagen zu ihren Kindern: »Das ist deine Sache, ob du betest oder zum Gottesdienst gehst.« Der lebendige Austausch von Glaubenszeugnis und Glaubenserfahrung ist in vielen Gemeinden zwar bereits in Gang gekommen, aber gleichzeitig gibt es weit mehr Menschen, welche diese Entdeckung noch nicht gemacht haben. »Was gibt christlicher Glaube dem Menschen von heute?«, so fragen viele. Ist er nicht bloß ein Ballast vergangener Zeiten – ohne Relevanz für die Gegenwart und Zukunft, für die bedrängenden Menschheitsfragen? Dazu kommt, daß Kirche als eine autoritäre und bevormundende Institution erlebt wird, welche die Freiheit des Menschen nicht zuläßt oder sie beeinträchtigt. Für viele scheint es im christlichen Glauben einen unüberwindbaren Gegensatz zu geben zwischen Vernunft und Glaube. Ja, nicht wenige Zeitgenossen meinen, der Kirche überhaupt den Abschied geben zu können: sie werde nicht mehr gebraucht in der heutigen Zeit, bestenfalls als Museum vergangener Tage sei sie interessant. Aber wohnen möchte man in diesem Haus nicht – auch nicht vorübergehend. So scheinen Kirche und christlicher Glaube bestenfalls noch zur Bewältigung von Grenzerfahrungen des individuellen Lebens nötig und hilfreich, oder sie stehen für eine eher diffuse Legitimation von gesellschaftlichen und bürgerlichen Grundwerten; Kirche wird dann noch ernstgenommen als soziale Hilfsorganisation für Arme, Kranke und Bedürftige.
Die Krise der Glaubensweitergabe in der westlichen Welt hängt mit diesem Funktionswandel von Religion zusammen. Kommen dazu noch Lebensfremdheit und Realitätsverlust in der Verkündigung der Gemeinden, Abschirmung der Kirche gegenüber dem Alltagsleben der Menschen und ihren Konflikten, Weltfremdheit und Weltverschlossenheit der mit der Verkündigung des Evangeliums Beauftragten, Unbeweglichkeit der Kirche in Fragen der Sexualität, der Stellung der Frau in der Kirche, in der Frage der Geschiedenenpastoral, der Ökumene oder des Zölibates, mangelnde Konfliktfähigkeit und Fixierung auf Nebenschauplätze von Leben und Welt (»Das Haus brennt, aber die Geranien müssen gegossen werden«), dann stellen die Zeitgenossen Glaube und

Kirche noch mehr in Frage und die Weitergabe des Glaubens wird zusätzlich erschwert. Der alte Glaube und die neue Zeit scheinen nicht mehr in einen lebensnotwendigen Zusammenhang zu bringen zu sein. Gott scheint in den Erfahrungen des Menschen unserer Tage nicht mehr auffindbar oder man sucht ihn in okkulten Zirkeln und will sich seiner mit magischen Praktiken bemächtigen. Wie sagte ein Kind dieser Tage im Religionsunterricht: »Damals, als es Gott noch gab ...«

Dazu kommt: wir sehen uns tiefgreifenden Veränderungen in der gesellschaftlichen Lebenswelt gegenüber. Während sich einerseits ungeahnte Möglichkeiten eröffnet haben und erstaunliche Fortschritte im Bereich der Wissenschaft und Technik erreicht worden sind, erfahren wir gleichzeitig, daß die Gefährdungen des Lebens, der Umwelt und der Mitwelt, ja der ganzen Menschheit in angsterregender Weise gewachsen sind. Die globalen Herausforderungen der Friedenssicherung, des Ausgleichs zwischen Nord und Süd, zwischen Arm und Reich, das weltweite Flüchtlings- und Migrationsproblem, die Frage, ob Leben und Überleben auf unserem Planeten noch möglich sein wird – sie stellen unsere bisherigen Lebensgewohnheiten radikal in Frage. Tragen Christen mit ihrer Überzeugung und ihrem Leben dazu bei, Antworten darauf zu suchen und zu finden? Solche Herausforderungen zwingen uns, daß wir uns auf unseren ursprünglichen Auftrag besinnen und das Unterscheidend-Christliche neu zur Sprache bringen: im Dialog mit den fragenden und suchenden Menschen, in unseren Gottesdiensten und Gesprächskreisen, in Solidaritätsaktionen mit außerkirchlichen Gruppen, mit allen, die sich für diese Welt und ihre Zukunft einsetzen. Als entschiedene und überzeugte Christen könnten wir damit deutlich machen, daß unser »Gott ein Freund des Lebens« ist. Was ansteht, ist eine grundsätzliche Besinnung auf die Bedeutung des Christseins in dieser Welt und Zeit. Daraus könnte ein Bemühen um die Weitergabe des Glaubens erwachsen, die situations- und menschengerecht, entschiedener und bewußter und mit mehr Einsatz des Einzelnen, von Gruppen und Gemeinden, ja der Kirche als ganzer geleistet wird.

Das »institutionelle Angebot der Kirche« ist bei näherem Zusehen gewaltig: in den Handlungsfeldern »Verkündigung« und »Bildungsarbeit« geschieht eine Menge. Denken wir im Bereich der Verkündigung an die Katholikentage und kirchlichen Kundgebungen, an den Einsatz der Kirche im Bereich der Kultur, an die Aktionen »Adveniat« und »Misereor«, an das Institut »Missio«, das sich für ein verändertes Bewußtsein von Mission im Sinne der Evangelisierung und der Enkulturation und eine neue Praxis derselben einsetzt. Wieviel an direkter und indirekter Verkündigung und Glaubensvermittlung erfolgt durch Publikationen von christlich motivierten Autoren und Künstlern, durch die Praxis des Glaubens am Sonntag und während der Woche, wieviel an öffentlicher Bekundung des Christseins geschieht in Prozessionen und Wallfahrten, bei Demonstrationen (»Franziskus-Marterl« bei der ehemaligen »Wiederaufbereitungsanlage« im oberpfälzischen Wackersdorf), in Exerzitienhäusern und durch Volksmissionen, in neuen jugendgemäßen liturgischen Feiern und in der Wiederbelebung des religiösen Brauchtums!

Und auf der persönlichen Ebene: die persönliche oder gemeinsame Bibellesung, die Bemühung um Meditation und Stille, die Glaubens- und Gebetskreise in den Gemeinden oder in den charismatischen Gruppen, die Aufgeschlossenheit für religiöse Sendungen im Fernsehen. Und nicht zu übersehen: das Glaubenszeugnis des Einzelnen und ganzer Gruppen am Arbeitsplatz, in der Öffentlichkeit von Politik und Wirtschaft, der Protest aus christlicher Überzeugung in Leserbriefen und Unterschriftenaktionen.

Auch im Bereich der Bildungsarbeit geschieht unendlich viel: in den kirchlichen Akademien, in der Publizistik, durch Mitarbeit in den neuen Medien, in den Aufbruchbewegungen vieler Ordensgemeinschaften, in der Bildungsarbeit mit Zielgruppen (Arbeiterpastoral, Frauenarbeit, Seniorenarbeit, Jugendarbeit), im Religionsunterricht und in den Schulen mit kirchlicher Trägerschaft, in der theologischen Aus- und Fortbildung von ehrenamtlichen und hauptamtlichen Mitarbeitern in der Kirche, bei Schulendtagen und im Kindergarten, durch die Öffentlichkeitsarbeit der Kirche und der einzelnen Gemeinden, in der Gemeindekatechese oder durch die Pfarrbücherei. Nicht zu übersehen sind die Bemühungen um die Befähigung von Eltern für die religiöse Erziehung ihrer Kinder, in Elterngruppen und Familienkreisen, die Schulung von

Gruppenleitern in der Jugendarbeit oder im caritativ-diakonischen Bereich – noch vieles andere ließe sich aufzählen.
Wir haben in solchen »Zeichen der Zeit« eine Situation des Aufbruchs und der Veränderung, die über die Weitergabe des tradierten Glaubens hinaus nach Evangelisierung ruft. Als Leitsatz dafür kann gelten: »Heute pastoral verantwortlich in der Verkündigung und Bildungsarbeit der Kirche dem Glauben dienen heißt: den Schatz der Überlieferung so ins Spiel bringen, daß sich etwas ändern kann« (*R. Zerfaß*).

2.2 Die Aufgabe der Weitergabe des Glaubens

»Die Kirche ist von Jesus Christus gesandt, durch die Verkündigung seiner Botschaft und das Zeugnis des Lebens Glaube, Hoffnung und Liebe zu wecken« (*Würzburger Synode,* Verantwortung des ganzen Gottesvolkes 1.1). Die Verkündigung der Botschaft Jesu, zusammengefaßt in dem Wort: »Die Zeit ist erfüllt, das Reich Gottes ist nahe. Kehrt um, und glaubt an das Evangelium!« (Mk 1,15), gehört also zu den Grundaufgaben der Kirche. Der Glaube ist ja die Wurzel, das Fundament und das Ziel des christlichen Lebens, sowohl des Einzelnen wie der christlichen Gemeinde und der Kirche insgesamt. Ohne dieses Fundament des Glaubens sind auch der christliche Gottesdienst und die Feier der Sakramente sinnlos. Und schließlich ist auch christliche Diakonie ohne das Bewußtsein des Glaubens, ohne das Wissen um ihre Motivation nicht echt und wurzeltief. Verkündigung gehört zum Lebensvollzug der Kirche. Und zwar als Glaube, der gelebt und verkündigt wird. Das Wort vom neuen Leben in Christus bliebe hohl und bedeutungslos, wenn nicht Menschen aus diesem Glauben das Leben und die Welt gestalteten.
Grund und Inhalt dieses christlichen Glaubens und seiner Weitergabe ist das Wort Gottes, ist Jesus Christus, das »fleischgewordene Wort Gottes«: er ist für uns »Weg, Wahrheit und Leben«. Es ist allen Christen aufgegeben, dieses Wort vom Leben immer wieder neu und aufmerksam zu hören und in unerschrockener Zuversicht zu künden. Weitergegeben und entfaltet wird dieses Wort Gottes durch die lebendige Überlieferung in der Gemeinschaft der Glau-

benden: durch das Wort und durch das Zeugnis des Lebens, durch Treue im Alltag, durch Geduld im Ertragen von Leiden (*Rottenburger Synode* II). Denn Gottes Wort ist nicht nur Trost, Beruhigung und Stärkung für den, der es hört. Es stellt auch in Frage, es weckt Widerspruch und Widerstand. Und viele Christen nehmen auch heute noch für ihr Bekenntnis Nachteile, ja Verfolgung und sogar den Tod auf sich.

Da der Glaube vom Hören kommt (vgl. Röm 10,17), steht in der Weitergabe des Glaubens an erster Stelle die lebendige Verkündigung und Bezeugung des Wortes Gottes in Predigt und Katechese, in der Familie, im Religionsunterricht und in der Jugendarbeit, besonders aber im alltäglichen Leben. Gerade diese Beziehung der christlichen Botschaft zur Alltagswelt und zu den Lebensfragen der Menschen ist vorrangig wichtig geworden: Christen müssen in der Welt von heute und morgen gleichsam ein »fünftes Evangelium« sein – durch ihren gelebten Glauben.

2.21 Was ist mit Verkündigung gemeint?

Mit Verkündigung bezeichnen wir »Faktum und Weise der Weitergabe des Heils, jene Wirklichkeit, durch welche Gott die im Kerygma mitgeteilte Rettung als Gegenwart in der Kirche geschehen läßt. Heilsgeschehen ist Verkündigung, wenn es das Evangelium als seinen Inhalt in einem Handeln Gottes durch Menschen und deren Sprechen, aber auch durch ihr Tun zu Gehör und damit zum Glauben bringt (Röm 10,13–18)« (*Feifel* 241f). Wir können auch sagen: Verkündigung möchte in all ihren Formen dazu Mut machen, sich auf den Gott des Jesus von Nazaret als Grundlegung des eigenen Lebensentwurfs einzulassen (*Bucher* 484). Sie richtet sich mit ihren Aussagen über die Glaubenswirklichkeit gleichzeitig auf das Verhältnis von Gottes Offenbarung zum menschlichen Selbst- und Weltverständnis, auf die Korrelation von Glaube und Erfahrung (*Feifel* 242).

Verkündigung ist also Heilsgeschehen: ihr Inhalt ist die Offenbarung Gottes in Jesus Christus, die uns authentisch, d. h. verbindlich, in der Hl. Schrift bezeugt wird. Das ist die eine Seite ihrer Inhaltsstruktur: der Bezug zum biblischen Zeugnis, das uns in der kirchlichen Überlieferung übermittelt wird. Die Hl. Schrift »zusammen mit der heiligen Überlieferung« (*II. Vatikanisches Konzil*, Dogmatische Konstitution über die göttliche Offenbarung Nr. 21) ist »die Grundlage, die Norm und die Seele aller Verkündigung und alles dessen, was in der Kirche zu geschehen hat ... An ihr muß sich alles messen und ausrichten« (*Pastorale*, Die Heilssendung der Kirche in der Gegenwart 72f). Biblisches Zeugnis und kirchliche Überlieferung müssen mit der aktuellen Lebenswirklichkeit zusammenkommen. – Der andere Aspekt der Inhaltsstruktur christlicher Verkündigung ist die Nähe zu Verstehensweisen des Lebens (*Feifel* 244). Daraus erkennen wir das Grundproblem aller Verkündigung: sie soll »zugleich an der Schrift orientiert sein und der Zeit gerecht werden, sie soll die Überlieferung des Glaubens wahren und die Situation des Hörers treffen« (*Würzburger Synode*, Beteiligung der Laien an der Verkündigung 1.2). Damit wird deutlich: das Evangelium Jesu Christi ist nicht ein für allemal als »fertig« anzusehen. Entscheidend ist, daß das »Wort Gottes« seine Hörer anzieht, sie erkennen läßt, daß hier von ihrem Leben, von ihren Hoffnungen und von ihren tiefsten Bedürftigkeiten gesprochen wird. Erst wenn dies deutlich wird, kommt das »Wort« an sein Ziel und ist wirksames Wort. Erst wenn der Bogen vom ergehenden Wort zum verstandenen Wort und zum angenommenen Dank für dieses Wort geworden ist, ist Verkündigung wirklich Verkündigung des lebendigen Wortes. Das Wort Gottes soll durch die Verkündigung in seiner kritischen und befreienden Kraft zur Geltung kommen. Sie befreit zur herrlichen Freiheit der Kinder Gottes (Röm 8,21), zur Subjektwerdung unter Gottes Augen, indem sie die Situation »klärt«. Inhaltlich geht es um die Verkündigung des erlösenden und liebenden Gottes, von Gottes Heilshandeln in der Geschichte des Volkes Israel und des »Abba«-Gottes, der den Menschen in Jesus von Nazaret aufgegangen ist. Jesu Wort und Leben, seine Hingabe im Tod und die Bestätigung seines Weges durch die Auferweckung sind deshalb zentrale Inhalte christlicher Verkündigung. Es ist die Vermittlung des Glaubens an die Frohe Botschaft von der Erlösung aller Menschen, die Gott in Jesus Christus gewirkt hat und zu deren Annahme alle eingeladen sind.

Aufgrund von Kreuz und Auferstehung, die Botschaft und Wirken

Jesu bestätigt haben, ist der glaubende und getaufte (= schon erlöste) Christ dem konkreten und radikalen Anspruch ausgesetzt, den Sinneswandel (metanoia) zu vollziehen und ein Leben »in der Spur Jesu« (vgl. 1 Petr 3,21) zu führen (*Feifel* 150). Dem Indikativ »Wir sind durch Jesus Christus mit Gott und untereinander versöhnt« entspricht der Imperativ des Christseins: »Wer sagt, daß er in Jesus bleibt, muß auch leben, wie er gelebt hat« (1 Joh 2,6). Die Orientierung an den Weisungen Jesu und an den Weisungen der Kirche als der Gemeinschaft der Jesus-Jünger gehört deshalb unverzichtbar zur Verkündigung in allen ihren Bereichen.

2.22 Grund und Inhalt der Verkündigung

Grund und Inhalt unseres Glaubens und seiner Weitergabe in den verschiedenen Bemühungen der Kirche, die Glauben eröffnen und vertiefen können, ist das »Wort Gottes«. Die Rede vom Wort Gottes, welches Inhalt und Form der Vermittlung zugleich ist, finden wir zunächst in den verschiedensten Religionen. Das Wort der Gottheit wird erfahren und gedeutet als schaffendes, berufendes, unterweisendes, verheißendes und erlösendes Wort (*Seckler* 75). So ist das Thema »Wort Gottes« keine Eigenheit des christlichen Glaubens allein, aber doch die Mitte christlicher Gotteserfahrung und die Grundlage aller christlichen Existenz. »Und das Wort ist Fleisch geworden und hat unter uns gewohnt, und wir haben seine Herrlichkeit gesehen, die Herrlichkeit des einzigen Sohnes vom Vater, voll Gnade und Wahrheit« (Joh 1,14) – dies ist das entscheidende Heilsereignis, das in der Verkündigung, in der Feier des Glaubens und im Dienst am Nächsten »zur Sprache« kommen soll. So wird der Glaube der Christen zur Antwort auf den Anspruch und Zuspruch des Wortes Gottes: durch den »Dienst am Wort«, welcher der Kirche aufgetragen ist, ja unter den sie sich selbst hörend und gehorchend zu stellen hat (*II. Vatikanisches Konzil*, Dogmatische Konstitution über die Göttliche Offenbarung, Vorwort). Mit Wort-Gottes-Verkündigung meinen wir das Erinnern, Verheißen und Vergegenwärtigen all dessen, was das Wort über das Heilshandeln Gottes offenbar gemacht hat, und das sich in diesem verkündigenden Wort hier und jetzt als Heil ereignet. »Verkündigung eröffnet Raum für dieses Geschehen und hat teil an seiner Wirksamkeit« (*Feifel* 244).

»Wort Gottes« wird in der Hl. Schrift in dreifacher Hinsicht gebraucht: 1. als »prophetisches Wort«: der Prophet hört den Gottesspruch, den er »ob gelegen oder ungelegen« ausrichtet. »Wort Gottes tritt hier gleichsam als zitierbares Stück in einer menschlichen Sprechsprache auf« (*Seckler* 76). – 2. Als »Wort der Weisung, der Führung, der Verheißung«: die Sachaussage ist hier bestimmend. »Es ist das sprechende Ich Gottes, das Menschen beruft, führt, richtet und segnet« (*Seckler* 77). Die Sprachgestalt dieser Erfahrung von Weisung und Führung Gottes erfolgt auf verschiedenste Weise. »Die ganze Biblische Geschichte ist gekennzeichnet vom Eindruck der vielgestaltigen Erfahrbarkeit der Stimme und des Wortes Gottes« (*ebd.* 77). – 3. Vor allem in der gläubigen Rückschau auf das Leben des Einzelnen und des ganzen Volkes wird »Wort Gottes« zum Grundwort des christlichen Glaubens und zum Schlüsselbegriff für das gesamte Anliegen der Bibel. Im ersten Kapitel des Johannesevangeliums wird das »Wort« als Anfang und Ursprung, als die schöpferische Macht, als Gott selbst vorgestellt – und im selben Atemzug auf Jesus angewandt. »Die Ebene der Sprechsprache ist hier überstiegen, wenn Gott selbst und eine menschliche Person (Jesus) ›Wort‹ genannt werden« (*Seckler* 78). Daraus folgt, daß eine Theologie des Wortes Gottes, welche der Hl. Schrift insgesamt gerecht werden will, sich nicht auf Sprechsprache allein begrenzen darf. Eine solche Einseitigkeit würde zu Mißverständnissen über das »Wort Gottes« führen.

Wenn wir in der Theologie vom »Wort Gottes« sprechen, so erkennen wir viele Bedeutungsarten:

- Wort Gottes: die zweite göttliche Person;
- Wort Gottes: das fleischgewordene, erfahrbar gewordene Wort in Jesus von Nazaret;
- Wort Gottes: Gottesrede, die man zitieren kann;
- Wort Gottes: Benennung der »Stimme Gottes«, die insgesamt den biblischen Gotteserfahrungen zugrundeliegt;
- Wort Gottes: kreative Macht Gottes;

– Wort Gottes: das schriftlich festgehaltene Wort von Gott insgesamt;
– Wort Gottes: Wort der Verkündigung in der Kirche (*Seckler* 78f): »praedicatio verbi Dei est verbum Dei«.

Theologisch gesehen meinen wir mit »Wort Gottes« zunächst das Wort, das Gott spricht, das Gott zum Urheber oder als sprechendes Subjekt hat. Sofort kommt uns die Frage: Ist Gott überhaupt als ein sprechendes Subjekt denkbar? Setzen wir uns dabei nicht dem Verdacht aus, daß wir menschlich von Gott denken? Was spricht er, wenn er spricht? Woran erkennt man, daß er es ist, der spricht? In welcher Sprache spricht er?
Jenseits dieser Fragen ist uns klar: »Als Wort Gottes darf letztlich nur das gelten, was wirklich und erweislich *Gott* zum sprechenden Subjekt hat« (*Seckler* 79). Nur die Rede von Gott selbst und von seiner Auslegung in und durch Jesus Christus kann im eigentlichen Sinn »Wort Gottes« heißen. »Das Wort Gottes ist Gott selbst im Ereignis seiner Offenbarung und im Akt seiner Selbstmitteilung« (*ebd.* 80).
Über dieses Moment der *Herkunft* des »Wortes Gottes« hinaus geht es aber darum, daß es *inhaltlich* mit Gott zu tun haben muß: »Als Wort Gottes kann für ein sachgerechtes theologisches Denken letztlich nur das gelten, was *Gott allein* sagen kann« (*Seckler* 80). Im strengen Sinn ist also »Wort Gottes« nur dort gegeben, wo Gott selbst sich oder etwas von sich uns mitteilt, das nur er mitteilen kann (das Schöpferische, Wirkende, Wirklichkeit stiftende Wort für uns). Zwar werden auch sonstige Texte der Bibel oder des Bekenntnisses »Wort Gottes« genannt (vgl. die abschließende Formel bei jeder Lesung – kann man das Vorgetragene immer als »Wort des lebendigen Gottes« bezeichnen?). Eigentlich wäre es aber angemessener, solche Texte als »normative oder authentische Sprachfiguren des Wortes Gottes zu bezeichnen« (*Seckler* 82). Die Gefahren, daß sonst leichtfertig das Wort Gottes auf die Ebene der Sprechsprachen umgesetzt wird und dann in Elementen der Sprechsprache aufgeht, oder daß das Wort Gottes auf eine »Lehre der Offenbarung reduziert wird, sind nicht zu übersehen«. In seinem Wort »bringt Gott,

der mehr ist als Licht und Lehre, sich selbst in unser Dasein« (*Seckler* 83).
Zwar läßt sich das »Wort Gottes« nicht auf die Ebene von Sprechsprachen eingrenzen. Aber es wird in den Sprachen der Menschen und in endlichen Medien der Bezeugung vernehmbar. Es ist im Grunde eine »Aufgipfelung der Sprachlichkeit der Menschenwelt« (*ebd.* 84): das Geheimnis der Wirklichkeit und die Gegenwart des Heiles fügt sich ins Wort und wird in menschlicher Sprache laut.

2.23 Gotteswort im Menschenwort

Das Wort Gottes, das nur Gott zu sprechen vermag, kommt im Menschenwort zum Ausdruck. Menschen sprechen Sätze, in denen das Wort Gottes vernehmbar wird. Sie sprechen so von ihm, daß darin er selbst irgendwie als der Handelnde, der Ansprechende und Zusagende »zur Sprache kommt«, vernehmbar wird – nicht nur zu Gehör, sondern zum Hörer kommt. Die ambivalente Aussage »Wort Gottes« als Wort, das Gott spricht und zugleich als Wort über Gott, meint dies. Insofern Gott von seinen Zeugen und Kündern authentisch zur Sprache gebracht wird, kommt er selbst zur Sprache und gelangt zum Hörer. Wenn es also dem Gottkünder »gelingt«, von Gott so zu sprechen, daß in diesem Sprechen die richtende, erlösende und befreiende Macht Gottes zur Sprache kommt, ins Wort kommt, dann kann Gott im Wort der Sprache zum Hörer kommen: in einer besonderen Weise der ereignishaften, dynamischen und paradoxen Identität.
Von *G. Söhngen* stammt das Wort: »Gottes Wort in Menschensprache ist ein Geheimnis der Sprache, aber nicht eine Geheimsprache«. Es gibt also keine von den Sprachregionen der Alltagssprache, der Wissenschaftssprache oder der Sprache der Poesie abgehobene Glaubenssprache. Doch es gibt ein Sprechen, »das mittels verfügbarer Sprachzeichen Glaubenserfahrung in zwei abgrenzbaren Dimensionen zum Ausdruck bringt: Verkündigungssprache will Glauben wecken, Glaubensentscheidungen hervorrufen (evokative Funktion) und etwas beim Hörer bewirken, verändern (performative Funktion)« (*Feifel* 251). Performative Sprache wird gemessen an ihrer Ernsthaftigkeit, an dem Faktum, daß sie in Vollmacht ergeht und das Bekenntnis des Glaubens weitergibt.

Sprache ist fähig, durch ansagende Rede in Gottes Gegenwart zu versetzen. Sie kann nicht das Wort Gottes verfügend und material in sich aufnehmen, aber sie kann es ansagen. Diese »ansagende Rede« bezieht sich nicht nur auf religiöse Sprache, sondern wohnt als Möglichkeit grundsätzlich menschlichem Sprechen inne. Deshalb kann Verkündigung auch »indirekt« ergehen: in der Dichtung, in der Kunst, im Film – sie ergeht immer dann, wenn Menschen, ihre Situation, ihre Vorstellungen, Nöte und Bedürfnisse, für das Evangelium erschlossen werden sollen. Wir sehen: die Verkündigung des Wortes Gottes ist nicht exklusiv bindend und bleibend auf bestimmte Sprachmuster angewiesen. Alle Formen des Sprechens können diese ansagende Funktion übernehmen.

Theologisch gesprochen kann das Wort Gottes nicht direkt und unmittelbar *als* menschlich geformtes Wort, sondern nur *im* menschlichen Sprechen von Gott zur Sprache kommen (*Seckler* 87). Die Heilige Schrift aber wird »Wort Gottes« genannt wegen ihrer »gelungenen« Ansageleistung: sie ist geistgewirktes, geisterfülltes und geistwirkendes Zeugnis des Wortes Gottes. Schließlich kann auch die Predigt »Wort Gottes« genannt werden, weil sie dazu bestimmt ist, durch die Sprachhandlung der ansagenden Rede Gott in seiner Zuwendung zum Menschen zur Wirkung zu bringen.

2.24 Das Evangelium Jesu und der Dienst der Kirche

Das Evangelium als »Botschaft vom Heil« ist von Jesus den Jüngern zur Weitergabe anvertraut worden: »Geht zu allen Völkern, und macht alle Menschen zu meinen Jüngern . . . und lehrt sie, alles zu befolgen, was ich euch geboten habe« (Mt 28,19f) – »Was Gott zum Heil aller Völker geoffenbart hatte, das sollte für alle Zeiten unversehrt erhalten und allen Geschlechtern weitergegeben werden« (*II. Vatikanisches Konzil*, Dogm. Konst. über die göttliche Offenbarung Nr. 7). Und: »Die Apostel haben Bischöfe als ihre Nachfolger zurückgelassen und ihnen ›ihr eigenes Lehramt überliefert‹« (*ebd.*). Denn Gottes Wort bedarf sowohl der Bewahrung wie der je aktuellen Auslegung: durch den »Glaubenssinn der Gläubigen«, durch das Lehramt der Theologie und durch das Lehramt der Kirche, die zueinander in einem korrespondierenden Verhältnis stehen sollen. »Diese heilige Überlieferung und die Heilige Schrift beider Testamente sind gleichsam ein Spiegel, in dem die Kirche Gott . . . auf ihrer Pilgerschaft anschaut« (*ebd.*). Diese Überlieferung wächst durch das Nachsinnen und das Studium, durch die geistliche Erfahrung und den Austausch darüber. »Heilige Überlieferung, Heilige Schrift und Lehramt der Kirche gehören zusammen: keines kann ohne die anderen bestehen und alle zusammen haben dem Heil der Menschen zu dienen« (*ebd.* 10).

Die Verkündigung Jesu ist und bleibt dabei Vorbild und Norm aller Verkündigung der Kirche. Sie ist Ansage der Gottesherrschaft, ihr ursprünglicher Ort sind die »Hecken und Zäune«, ihr Horizont ist die Welt, ihr Grundmodell ist das Gespräch; das Heil, das Jesus ansagt und schenkt, meint den ganzen Menschen. In seiner Verkündigung ist das Wort vom Verhalten nicht zu trennen (*Zerfaß* 356–363). Im menschgewordenen Wort Gottes, das Jesus als der Christus ist, haben Wort und Tat ihre letzte Einheit und Vollendung gefunden. »Jesus Christus ist ›das‹ Wort Gottes an die Menschen und als solches der zentrale und alles in sich schließende Inhalt des Glaubens« (*Pastorale*, Die Heilssendung der Kirche in der Gegenwart 72).

Gesprochenes Wort und bezeugendes Tun, Wort und Tat müssen in der Verkündigung eine Einheit bilden. Die Praxis der Liebe und des befreienden Handelns von Christen ist notwendiger Ausdruck der Glaubensvermittlung. Damit ist auch die Tatsache angesprochen, daß die Wahrheit Gottes, welche zur Wahrheit der Glaubenden werden will, kognitive, affektive und operative Dimensionen in sich birgt. »Verkündigung will Orientierung vermitteln, Sinnzusammenhänge aufzeigen; Verkündigung muß aber auch glaubwürdig aus eigener Erfahrung heraus an die Erfahrungen anderer appellieren mit einer Sprache, die in die Welt des Glaubens auch die Gefühle aufnimmt (Symbolerschließung) – solches Reden aktiviert ein emotionales Bedeutungserlebnis, das für eine Einstellung oder Beziehung wirbt und vorbereitet; Verkündigung hebt aber auch ab auf Gesinnungsänderung und Handlungsorientierung – ohne fertige Rezepte, aber mit dem Mut zur Einladung an die Hörer, Wege des christlichen Handelns selbst zu finden« (*Feifel* 248 f.).

Verkündigung versteht sich darum als Dialoggeschehen: im Austausch von Lebens- und Glaubenserfahrungen wird der »sensus fidelium«, der Glaubenssinn der Gläubigen, aktiviert und als konstitutiv für Theologie und Kirche erkannt: »Am Ende solcher Prozesse steht eine neue gemeinsam buchstabierte Sprache des Glaubens, eine ›Theologie des Volkes‹, als Anfrage an die akademische Theologie und ihre Ausbildungspraktiken« (*Zerfaß* 365). Solche provokativ-kritischen Momente enthält die Praxis der Verkündigung Jesu gegenüber einer unkritisch-potenten Verkündigung der Kirche und in ihr.

2.3 Die Subjekte der Weitergabe des Glaubens

2.31 Die Verantwortung für die Weitergabe des Glaubens

Die Verantwortung für die Weitergabe des Glaubens liegt bei der ganzen Kirche, bei jeder Gemeinde und bei allen Gläubigen. »Empfänger, Träger, Zeuge der Verkündigung ist die Kirche, die Gemeinde, jede Gemeinschaft, in der ›zwei oder drei‹ im Namen Jesu versammelt sind, jeder Getaufte« (*Rottenburger Synode* VI, 39). Das Leben eines jeden Christen also soll Verkündigung sein, das bedeutet: Nachfolge Jesu, der in Wort und Tat die Liebe Gottes zu den Menschen verkündet hat. Viele Menschen erwarten heute von den Christen, daß sie glaubwürdige Zeugen sind, die sich auf der Grundlage des Evangeliums den Herausforderungen des Alltags stellen. Aufgrund der Geistbegabungen in der Kirche, an der alle Getauften und Gefirmten im Sinne des »gemeinsamen / allgemeinen Priestertums« teilhaben, haben alle Gläubigen das Recht und die Pflicht, ihre Lebens- und Glaubenserfahrungen in Kirche und Gemeinde einzubringen, ja bei bestimmten Anlässen auch ein liturgisches Zeugnis ihres Glaubens abzugeben. Unübersehbar ist es auch die konkrete Existenz der Kirche selbst, die wie ein Licht auf dem Leuchter allen im Hause der Welt leuchtet oder das Licht des Lebens unter dem Scheffel hält und damit zum Erlöschen bringt. Alle Vollmacht der Verkündigung aber beruht in der aus Berufung und Sendung kommenden Ermächtigung durch Gott. Aufgrund ihres Amtes der Verkündigung beruft die Kirche amtliche Verkündiger, die als Gesandte und Zeugen, als Übersetzer und Ausleger des Wortes Gottes tätig werden: Prediger und Missionare, Religionslehrer/innen, Katecheten und Theologen in je unterschiedlicher Weise. Sie verkündigen nicht in ihrem eigenen Auftrag, nicht im Auftrag einer Gemeinde oder einer bestimmten Gruppe, sondern immer im Auftrag der Kirche: ihr Wort ist in Vollmacht gesprochen und hat das Bekenntnis des Glaubens weiterzureichen.

Dabei ist der Verkündiger nicht wie ein bloßes Instrument, das nur Werkzeugcharakter hat, und Verkündigung ist nicht einfachhin Information im Sinne von objektiver Weitergabe wertfreier Fakten und Tatsachen. Der Verkündiger muß sich selbst einbringen mit seinem Leben, mit seinem Glauben, mit den positiven und negativen Erfahrungen seines Christseins. Er selbst ist das wichtigste Medium. »Wer selbst motiviert ist, kann andere motivieren; wer bis in existentielle Tiefen wirken will, muß die Tiefe der eigenen Existenz einbringen« (*Feifel* 249). Der Verkündiger spricht zwar in einer Autorität, die von der Sache her kommt, die er verkündet. Und er steht in einer Sendung von Christus her, er wird zur Verkündigung ermächtigt: durch den Geist Jesu in der Beauftragung durch die Kirche. Die Autorität des Verkündigers aber ist entscheidend rückgebunden an seinen persönlichen Glauben. Deshalb muß jeder für die Verkündigung Verantwortliche sich ständig mit den Grundfragen des Glaubens und ihrer theologischen Durchdringung sowie mit der Fülle unserer Glaubenserfahrungen auseinandersetzen und in einer Gemeinschaft von Glaubenden leben, die ihn trägt. Er ist immer auch ein »Mit-Glaubender« (*Rottenburger Synode* VI, 45).

In der Liturgie der Priesterweihe heißt es: »Verkündet allen das Wort Gottes, das ihr selbst mit Freude aufgenommen habt ... Seht zu, daß ihr im Glauben ergreift, was ihr in den Heiligen Schriften lest; verkündet, was ihr glaubt, und erfüllt im Leben, was ihr verkündet. Eure Lehre sei Nahrung für das Volk Gottes, euer Leben Freude für die Christgläubigen; so erbaut ihr durch Wort und Beispiel das Haus, das die Kirche Gottes ist.«

2.32 Verkündigung als dialogisches Beziehungsgeschehen

Verkündigung ist, wie gesagt, kein monologischer Vorgang, sondern dialogisch angelegt: selbst noch die Predigt soll ein »virtueller Dialog« sein; solcher Dialog zwischen Verkündiger und Hörer wird aber nur dann fruchtbar werden, wenn der Verkündiger zunächst sich selbst bewußt dem Wort Gottes als Hörer stellt: er »braucht« die lebendige, persönliche und gemeinschaftliche Gottes- und Schriftbegegnung. Denn auch sein Glaube kommt vom Hören auf Gottes Wort und lebt vom Gehorsam gegenüber diesem.

Die kommunikativ-dialogische Struktur aller Verkündigung ist nicht eingelöst mit Dialogpredigten oder Vor- bzw. Nachgesprächen der Predigt. Notwendig sind eine »theologische Inhaltsstruktur und das Sprechen aus einer umfassenden Gesprächserfahrung heraus« (*Feifel* 250). Das biblische Grundmodell der »Verkündigung im Gespräch« muß wiedergewonnen werden (*Zerfaß* 357), auch wenn die Realität der Gemeindepredigt nicht selten dagegen spricht: mit einer Verkündigung, die sich autoritär gibt und deprimierend/angstmachend wirkt.

Die Hörer sind mit ihren sehr unterschiedlichen Situationen ernstzunehmen: Verkündigung ohne Ortsangabe und ohne Adressaten geht ins Leere. Verkündigung des Wortes Gottes meint immer den situativen Bezug: sie wird aus der Situation geboren, von ihr gefordert, zielt auf ihre Veränderung ab. Verkündigung ist somit ein geistliches Interaktionsgeschehen, dessen erste Aufgabe darin besteht, so zu sprechen, »daß wir uns durch unseren Glauben – den euren wie den meinen – gegenseitig trösten« (Röm 1,12). Das Gelingen der Glaubensvermittlung hängt somit entscheidend ab von der persönlichen Glaubwürdigkeit der Glaubensvermittler. In der Suchbewegung des gläubigen und denkenden Fragens werden die biblischen wie die existentiellen Gottes- und Befreiungserfahrungen von heute zur Sprache kommen: die mit dem Stoff unseres Lebens und der heutigen Welt gesättigte Geschichte Gottes mit uns Menschen, die im Sinne der »Zeichen der Zeit« die Kirche »allezeit erforschen und im Lichte des Evangeliums deuten muß« (*II. Vatikanisches Konzil,* Pastoralkonstitution Nr. 4).

2.4 Orte und Formen der Verkündigung

2.41 Öffentliche Rede

So gesehen sind die Räume christlicher Verkündigung in Wort und Tat nicht bloß die Binnenräume des individuellen christlichen Glaubens, der Gemeinde oder der Kirche, sondern auch die Öffentlichkeit von Gesellschaft und Welt, von Politik und Wirtschaft, von Kultur und Technik. Sicher ist Kirche für die konkrete Gestaltung des öffentlichen Lebens, für die Politik und die verschiedenen Weltbereiche nicht unmittelbar zuständig und kann in diesen Gebieten keinen normativen Anspruch geltend machen. Sie überläßt dies alles der verantwortlichen, vom Evangelium inspirierten Entscheidung der Menschen und Christen. Allerdings erkennt sich die Kirche das Recht zu, gegenüber negativen Entscheidungen auf diesen Gebieten Einspruch zu erheben, wenn sie eindeutig gegen die Grundsätze ihrer Verkündigung verstoßen. Die Kirche und jeder Christ ist zum prophetischen Wort in eine konkrete geschichtliche und politische Situation hinein verpflichtet. Daß dabei der Freiheitsraum verschiedener Meinungen gewahrt bleiben muß, damit man sich in Verantwortung und Freiheit entscheiden kann, ist inzwischen weithin akzeptiert.
Verkündigung wird so zu einem »komplexen Prozeß, der Öffentlichkeit schafft, weil sich Öffentlichkeit einstellt, wo etwas in Gang kommt, das alle angeht« (*Zerfaß* 365). Öffentlichkeit wird zum Ergebnis von »gewährter Glaubenspraxis an der Basis der Kirche«. Ein solches Verständnis von Öffentlichkeit übersteigt den traditionellen Anspruch von Kirche, die Universalität des Heiles durch Mission geltend zu machen. Kirche möchte »Salz der Erde« und »Stadt auf dem Berge« sein. Freilich nicht allein durch ihr Sosein, sondern auch durch ihr Aktivwerden: angesichts von ungerechten Strukturen, von Vergötzung des Staates ebenso wie von Verbürgerlichung des Evangeliums. Dabei taucht auch die selbstkritische Rückfrage an die Kirche auf, ob sie sich nicht seit der »Konstantinischen Wende« trotz der immer neuen Kämpfe zwischen Kirche und Staat zu sehr als stabilisierender Faktor zugunsten der Herrschenden verhalten hat und zu wenig die Partei der Armen und

Machtlosen ergriffen und damit oft nicht dem Beispiel Jesu gefolgt ist.

Solche kritische Reflexion gilt auch gegenüber der Verkündigungsform Mission, die nur allzu oft im Kontext des Kolonialismus und der Überfremdung der vorfindlichen Kulturen durch ein europäisches Christentum gestanden ist.

2.42 Situationen der Verkündigung

Wir können unterscheiden zwischen Erstverkündigung und Entfaltungsverkündigung (im Neuen Testament als *Didaskalia* und *Didache* bezeichnet). Heute ist Erstverkündigung in vollem Sinn glaubenweckend, während die Entfaltungsverkündigung angesichts des stets angefochtenen Glaubens unter dem Anspruch der Öffentlichkeit steht: in einem qualitativen Sinn, weil solche Verkündigung nicht mehr auf einen ausgesonderten Lebensbezirk, sondern auf die Welt- und Lebenswirklichkeit insgesamt zielt; zum anderen in einem quantitativen Sinn: die in der Verkündigung eröffnete Wirklichkeit und ermöglichte Praxis gilt allen Gliedern der Gesellschaft, meint also nicht nur den binnenkirchlichen Raum.

2.43 Formen der Verkündigung

Bei Verkündigung denken wir, wie gesagt, zumeist und fast ausschließlich an die verschiedenen Situationen der Predigt-Verkündigung. Für die meisten Gläubigen ist die Predigt bis zur Stunde die erste und weithin ausschließliche Zugangsform zu einer ununterbrochenen, die eigene Glaubensentwicklung begleitende, fördernde und korrigierende Verkündigung. Die Bedeutung der Predigt als gemeindebezogene und damit adressatennahe Verkündigungsform ist nicht hoch genug zu veranschlagen. Wenn der Prediger seine eigene Glaubensgeschichte, ihre Höhen und Tiefen, in den Prozeß dieses Glaubenszeugnisses einbringt und sich der Hörer mit seinem Leben und seinem Glauben akzeptiert erfährt, liegt in der Predigt, vor allem über längere Zeit hin, die hilfreiche Chance zum Aufbau, zur Wahrung und zur Vertiefung christlich-gemeindlicher Existenz.

Die Gemeindepredigt als Begegnung mit den in der gottesdienstlichen Versammlung (regelmäßig) hörbereiten, mündigen Christen zielt nicht bloß auf Daseinserhellung und christliches Handeln ab, sondern auch auf die Identifikation mit dem gefeierten Geheimnis (Homilie, thematische Predigt, liturgische Predigt). Die Predigt als gottesdienstliche Rede vermag zumeist auch im Blick auf den Hörer zu differenzieren: je nachdem, ob bei ihm ein gereifter Glaube, ein bloß keimhafter Glaube oder noch Ungläubigkeit vorauszusetzen ist.

Problematischer und schwieriger sind Predigten zu Kasual-Situationen, in denen kirchlich distanzierte oder faktisch ungläubig gewordene Christen in Zusammenhang ritueller Feiern zu Not- bzw. Hoch-Zeiten ihres Lebens mit der Kirche in Kontakt kommen. An diesen »Knotenpunkten des Lebens« bringen diese Mitchristen ihre religiöse Überzeugung zum Ausdruck. Sie zeigen damit: trotz aller Rationalität, ja vielleicht gerade wegen der vorherrschenden Rationalität, kann auch heute der Mensch nicht ohne Riten und Mythen, ohne Mysterium und Religion leben. In diesen Riten erhofft sich der religiös offene Mensch Deutung (= Wort) und Feier in Gemeinschaft (= Liturgie/Sakrament). Er möchte, daß seine »Zwischensituation« des existentiellen Ungleichgewichts und der Veränderung seiner sozialen Rolle sakral wird: geweiht, dem Segen und dem Schutz Gottes unterstellt, abgesichert gegen das Böse, geschützt vor Gefahr und Zerstörung. Den entscheidenden Augenblicken des Lebenszyklus wird damit sakraler Charakter verliehen: man begegnet dem Heiligen, dem Mysterium, der unbedingten, endgültigen Wahrheit.

Dieses Bedürfnis nach der sakralen Dimension als integrierend-stützendem Moment ist zwar ein Bestandteil christlicher Feier, aber nicht dessen christliches Spezifikum; deshalb ist es im Zusammenhang der Kasualpraxis allein kaum möglich, diese religiösen Erwartungen von distanzierten Christen auf eine personale Glaubensexistenz hin zu überschreiten. Wir kennzeichnen sie deshalb besser als »offene Verkündigungssituation«, die zunächst als »Dienst am Mitmenschen und Mitchristen« zu sehen und zu würdigen ist. Mehr als die Verkündigung in diesen Kasual-Situationen sind kirchliche und seelsorgliche Beratung und Begleitung, nicht vereinnahmendes Gespräch, als offene Räume mit offenen

Menschen, Begegnungs- und Verkündigungssituationen des Glaubens für distanzierte oder nicht mehr glaubende Christen.
Bevorzugter Ort der Verkündigung in früheren Zeiten, vor allem im Blick auf die von der Kirche Entfremdeten war die »Volksmission« in ihren verschiedenen Formen: als Predigtmission, als Hausmission oder Gebietsmission. Heute sind sich die Träger der Volksmission bewußt, daß diese dann Sinn hat, wenn sie die pastoralen Bemühungen in einer Pfarrei unterstützt, befruchtet, neue Akzente setzt und zu einem Ereignis wird, das in der Gemeinde nachwirkt. Die Volks- oder Gemeinde-Mission und ihre dialogisch-kommunikative Verkündigung drängt auf eine neue Entschiedenheit für ein christliches Leben in Kirche und Welt. Ihr Ziel ist und bleibt die christliche Gemeinde. Vielleicht kann sie stärker auf Kirche aufmerksam machen, doch nur selten gelingt es, große Bekehrungen zu erreichen. Aus diesem Grund kann die Volks-Mission (heute) auch nicht primär auf die Fernstehenden gerichtet sein.
Ähnliches gilt für die *Medienarbeit* der Kirchen, die kirchliche Predigttätigkeit in Rundfunk und Fernsehen oder auch die Glaubensinformation und -kommunikation durch das Fernsehen oder im Medienverbund (Buch, Fernsehreihe, Gesprächszirkel, Predigt). Eine vorschnelle unkritische Mediengläubigkeit ist inzwischen einer differenzierteren Einschätzung gewichen. Untersuchungen über die Struktur der Hörer/Zuschauer von religiös-kirchlichen Sendungen haben dies gezeigt. Entgegen der weitverbreiteten Annahme, durch die Medien könne man vor allem Fernstehende erreichen, stellte man fest: bei den Hörern bzw. Zuschauern handelt es sich vorwiegend um bereits Motivierte, die sich auch sonst am kirchlichen Leben beteiligen. Die Medien geben überhaupt weniger zur Bildung von neuen Meinungen und Verhaltensweisen Anlaß, als daß sie vielmehr die bereits vorhandenen bestätigen. Immerhin besteht die Mithilfe eines Mediums im Verkündigungs- und Evangelisierungsprozeß vorwiegend in einer Art »Bodenbereitung« oder »Prä-Evangelisierung«. Die vertiefende Nacharbeit, die Schritte auf den Glauben hin, das Glaubens- und Bekehrungswunder selbst, setzen Begeg-

nungsmöglichkeiten auf einer anderen Ebene voraus (*A. Eichenberger*, in: *G. Schüepp*, Handbuch zur Predigt 1982, 85).
Der *Religionsunterricht* ist sicher auch ein Ort von Verkündigung: als Modellfall für die Begegnung von An- und Zuspruch der Offenbarung mit der heutigen Gesellschaft – eben im Rahmen der Schule. In der Geschichte des Religionsunterrichts hat es Leitbilder wie diese gegeben: der Religionslehrer soll, und zwar ausschließlich, Künder der Offenbarungswahrheit sein; seine ausschließliche Aufgabe ist die Erweckung und Vertiefung des Glaubens, die Verkündigung der Botschaft Gottes – bis hin zur Aufgabe, für die evtl. fehlende religiöse Erziehung im Elternhaus Ersatz zu leisten: als »Kirche in der Schule«. »Religionsunterricht als Verkündigung« – so hieß der Titel eines 1961 erschienenen Standardwerkes. Religionsunterricht verstand sich in diesem »Kerygmatischen Konzept« als Glaubensunterweisung *in* der Schule, als kirchliche Verkündigung. Im evangelischen Bereich war es ähnlich: bis etwa 1960 bestimmte das Konzept der »Evangelischen Unterweisung« die Aufgabenstellung des Religionsunterrichtes. Solche Konzepte eines »verkündigenden Unterrichts« wurden später durch den »hermeneutischen Religionsunterricht«, in dem es um kritisch-reflektierendes Verstehen vor allem von biblischen Texten ging, und dann durch den »problemorientierten Unterricht« als Unterricht über das Christsein und Menschsein in der Gegenwart abgelöst. Die »Schule für alle« bietet heute für den Religionsunterricht die Chance, sich in einem kontinuierlichen Lernprozeß mit dem ganzen Spektrum von Religiosität und Gläubigkeit auseinanderzusetzen und dabei über die gläubige Existenz des Religionslehrers als Identifikationsangebot zu Begegnung und Austausch über den Glauben zu kommen. Im Grunde wird durch solches Aufeinander-Hören und Miteinander-Sprechen über Glauben und von Glauben eine neue Sprachgestalt von öffentlicher Glaubensrede konstituiert.
Die Wiederentdeckung der Gemeinde als Subjekt von Glaubensvermittlung und Verkündigung führte zur Form der *Gemeindekatechese:* zunächst als Katechese in der und für die Gemeinde und schließlich als Katechese *der* Gemeinde. Gemeindekatechese dient dem Austausch und der wechselseitigen Hilfe und Bestärkung im

Glauben, nicht der bloßen Zuweisung von Christlichkeit. Sie ist auf die Gemeinde angewiesen und inspiriert umgekehrt auch die Gemeinde; solche gemeindekatechetischen Lernprozesse fördern die Subjektwerdung der Gemeinden und ihrer Glieder. Soll mehr Menschen zu einem eigenverantworteten, sinnerfüllten Leben verholfen werden, so müssen solche Lernprozesse gewagt werden, auch wenn die Ergebnisse stets nur fragmentarisch sein können. Gerade für Religionslehrer/innen ist es wichtig, daß sie sich auch im Gemeindebereich einbringen: als Mentoren und Begleiter der »Erstkommunionmütter«, der Bußgruppenleiter oder der Firmhelfer; aber auch als Inspiratoren von Eltern- und Familiengruppen, bei Ehevorbereitungskursen oder beim Aufbau von Gebets- und Bibelkreisen.
Die genannten verschiedenen Orte und Formen der Verkündigung stehen in einem wechselseitigen Zusammenhang: aus der Verschränkung der Prozesse von religiöser Erziehung und Unterweisung, von Verkündigung und Glaubens-Begleitung, von pastoraler Lebens- und Glaubenshilfe mit den verschiedenen Formen der Verkündigung ergibt sich die Rede von der »Evangelisation / Evangelisierung«.

3. *Von der glaubensvermittelnden zur evangelisatorischen Verkündigung*

Wenn heute statt von »Verkündigung« mehr von »Evangelisation / Evangelisierung« die Rede ist, so ist dies Ausdruck veränderter theologischer Voraussetzungen und neuartiger Schwerpunkte und Perspektiven der Glaubensvermittlung. Bereits das II. Vatikanische Konzil stellte die Weichen für dieses Verständnis von Verkündigung, das dann durch *Paul VI.* in seinem Schreiben »Evangelii Nuntiandi« (1975 = EN) entfaltet wurde. Dabei geht es zunächst um neue Akzente im Kirchenbild gemäß der Konzilskonstitution »Lumen gentium«: Kirche als Sakrament, d. h. als wirksames Zeichen des Heiles und als Volk Gottes gegenüber der bisherigen Betonung von Kirche als hierarchisch strukturierter »societas perfecta«. Das Konzil hat über dies hinaus den Blick von der Universalkirche hin zu den Ortskirchen (Bistümer/Gemeinden) gelenkt. Die bisher gängige Auffassung von Mission und Missionskirche wurde abgelöst durch ein wechselseitiges Geben und Nehmen zwischen den Ortskirchen, durch ein kritisches Füreinander und Miteinander, in dem wechselseitig Inspirationen und Initiativen zur Wirkung kommen. So wird »Evangelisierung« zum Horizont und zur Inspiration von Verkündigung in der Öffentlichkeit von Welt, Kirche und Gemeinde. Kirche evangelisiert, »wenn sie sich bemüht, durch die göttliche Kraft der Botschaft, die sie verkündet, zugleich das persönliche und kollektive Bewußtsein der Menschen, die Tätigkeit, in der sie sich engagieren, ihr konkretes Leben und ihr jeweiliges Milieu umzuwandeln« (EN 18). Im Begriff der Evangelisierung wird auch »die falsche Aufgabenteilung zwischen Verkündiger und Hörer, Glaubenden und Ungläubigen, Amt und Basis, Kirche und Welt aufgehoben. Evangelisiert werden immer beide oder niemand, denn alle sind im Glauben Anfänger und alle haben die Umkehr noch vor sich« (*Zerfaß* 359).

Wenn der Gott Jesu zur Sprache gebracht wird, dann erfordert dies unbedingt den entschiedenen Einsatz für gottes-gerechte Verhältnisse unter den Menschen. Wo solcher Einsatz geleistet wird, wo Christen sich im Reden *und* Handeln, im privaten *und* öffentlichen Bereich für den Gott des Lebens einsetzen, dort spricht die nachkonziliare Kirche von »Evangelisierung« (*Bucher* 487). So wird das Evangelium in alle Bereiche der Menschheit getragen, die dadurch von innen her umgewandelt werden sollen, wodurch die Menschheit selbst erneuert wird. Durch den Überstieg des Bereiches des Religiösen hin auf die zeitlichen Probleme der Menschen wird das Evangelium für den Einzelnen und die Gesellschaft zur Wirkung gebracht. Dabei spielt der gemeinsame Prozeß der Entdeckung und Analyse von Lebenssituationen im Horizont des Evangeliums eine entscheidende Rolle.

Die Konsequenz für die Gesamtpastoral, die nach diesem Konzept der Evangelisierung arbeitet, ist die Ablösung einer allein priesterzentrierten Verkündigung zugunsten vielfältiger Verkündigungsbemühungen, die in eine partnerschaftliche und dialogisch-kommunikative Zusammenarbeit aller Subjekte der Verkündigung einmündet. Alle Glieder des Gottesvolkes sollen dadurch zur christlichen Erfahrungskompetenz geführt und befähigt werden.

4. *Literaturhinweise*

Enzyklika *Papst Pauls VI.*, Evangelii Nuntiandi: Über die Evangelisierung der Welt von heute. Rom 1975

Gemeinsame Synode der Bistümer der Bundesrepublik Deutschland, Beschluß: Beteiligung der Laien an der Verkündigung. Gesamtausgabe I, 153–185

R. Bucher, Verkündigung, in: *U. Ruh* u. a. (Hrsg.), Handwörterbuch religiöser Gegenwartsfragen. Freiburg: Herder 1986, 484–488

K. Egger – H. Pissarek-Hudelist, Öffentlichkeit und Verkündigung, in: Christlicher Glaube in moderner Gesellschaft. Enzyklopädische Bibliothek, hrsg. v. *F. Böckle* u. a. Teilband 28, Freiburg: Herder 1982, 61–83 (Lit.!)

Bischöfliches Ordinariat Rottenburg (Hrsg.), Beschlüsse der Diözesansynode Rottenburg–Stuttgart 1985/86. Weitergabe des Glaubens an die kommende Generation. Ostfildern: Schwabenverlag [3]1986

E. Feifel, Verkündigung, in: *P. Eicher*, Neues Handbuch theologischer Grundbegriffe IV, München 1985, 241–251

E. Feifel – W. Kasper (Hrsg.), Tradierungskrise des Glaubens. München: Kösel 1987

K. Gabriel, Religionsunterricht und Religionslehrer im Spannungsfeld von Kirche und Gesellschaft, in: KatBl114 (1989) 865–879

Pastorale: Die Heilssendung der Kirche in der Gegenwart. Mainz: Grünewald 1970.

K. H. Schmitt, Religionsunterricht und Evangelisierung, in: KatBl 114 (1989) 856–864

M. Seckler u. a., Literarische und religiöse Sprache, in: Christlicher Glaube in moderner Gesellschaft. Teilband 2. Freiburg: Herder 1981, v. a. 71–88

G. Stachel, Glaubensvermittlung, in: Handwörterbuch religiöser Gegenwartsfragen 150–155

R. Zerfaß, Mit der Gemeinde predigen. Gütersloh: 1982

R. Zerfaß – H. Poensgen, Predigt/Verkündigung, in: *Chr. Bäumler – N. Mette* (Hrsg.), Gemeindepraxis in Grundbegriffen. Ökumenische Orientierungen und Perspektiven. München: Kaiser 1987, 354–368

Wolfgang Beinert

Überall Zeugen der Wahrheit sein

Rationalität und Glaubensverkündigung

1. *Die Irrationalität im rationalen Zeitalter*

Mühelos lassen sich Beispiele für die These beibringen, daß wir in einer Epoche leben, die von nüchternster Rationalität gekennzeichnet ist, aber gleichzeitig mit inniger Lust wahre Orgien der Irrationalität feiert. Für den ersten Teil – die Rationalität unserer Zeit – genügt es, an den *Computer*, das Symbol dieses ausgehenden 20. Jahrhunderts par excellence, zu erinnern. Wir bedienen uns nachgerade alle seiner – inzwischen gibt es Software zuhauf für Pfarrer und Theologen – und spüren zugleich, wie wir seine Diener werden. Die in Jahren gewachsene Predigtsammlung unserer Amtsbrüder zu Großvaters Zeiten war allenfalls durch den Brand des Pfarrhauses in Gefahr; heute genügt ein falscher Knopfdruck – und schon ist sie »abgestürzt«. Der Schaden mag sich in Grenzen halten; jedenfalls gibt es kaum noch ein Gebiet modernen Lebens, aus dem diese Geräte wegzudenken sind – und sie stehen in unserem Kontext für die eiserne Logik und Rationalität, nach der sie funktionieren. Wenig Beschwer hat man freilich auch hinsichtlich des anderen Teiles der These: Die Irrationalität, welche die Gegenwart wie ein Stigma prägt, begeht nicht minder rauschende Feste. Wahrsager und Wunderheiler jeglicher Couleur haben Konjunktur; je abstruser das Thema eines Buches, um so steiler sind seine Auflagen. Monatelang stand das Machwerk »Verschlußsache Jesus« auf den Bestsellerlisten ganz oben, obschon die Fachleute samt und sonders nachweisen konnten, daß die darin geäußerten Ansichten unhaltbar sind.[1]

Nicht selten verbinden sich scheinbare Rationalität und offenkundige Irrationalität in merkwürdiger Paarung: Man kann heute in vielen Großstädten sein höchstpersönliches Horoskop aus dem Computer beziehen! Das Geschäft soll ausgezeichnet florieren . . .

Eine der aktivsten und zugleich gefährlichsten modernen Sekten nennt sich »Scientology« – ein irrationales Bekehrungsprogramm dient sich als Wissenschaft an.[2]

Alle diese Phänomene machen vor der Kirche nicht Halt. Kirchenmänner aus allen Rängen halten leidenschaftliche Anklagereden gegen die wissenschaftliche Theologie, die verwirrend und neuerungssüchtig oder auch zu sehr dem Alten verhaftet sei – und seltsame Bündnisse gibt es auch hier. Der große Erfolg des umstrittenen *Eugen Drewermann* beruht wesentlich darauf, daß er vehemente Attacken gegen das von ihr vertretene rationale Moment reitet. In seinem voluminösen Buch »Kleriker« listet er die Merkmale jener Theologie auf, die neben anderen Faktoren prägend geworden seien für das desolate Bild, das die Amtsinhaber in der Kirche bieten: »Diese Merkmale sind: die standardisierte Unpersönlichkeit des Denkens, die Rationalisierung und Historisierung der Gedankeninhalte sowie die Ersetzung argumentativer Überzeugung durch den Druck verwalteter Macht.«[3] Er fordert beispielshalber von der Dogmatik, diese solle, »statt die Studenten mit der 1500 Jahre alten Formelsprache der frühen Konzilien vollzustopfen und ihr Denken auf das Vokabular der mittelalterlichen Scholastik festzulegen«, lieber Religionsgeschichte und Völkerkunde bieten, »gepaart mit Einsichten der Tiefenpsychologie«, damit endlich die Studierenden »an den Erfahrungsraum der entsprechenden Symbole von Heil und Erlösung« herangeführt würden.[4]

In einer Kirchenzeitung war Anfang 1992 von der Stellungnahme eines Bischofs gegen den inzwischen zensurierten Autor zu lesen. Da heißt es: »Werden wir nicht von einer geradezu panischen Angst umgetrieben beschämende Verbeugungen zu machen vor dem, was sogenannte aufgeklärte Lehrer der Theologie uns verkünden und am überlieferten Glauben der Kirche rütteln (sic!)? ... Christus kann nicht mit den Methoden der Geschichtswissenschaft und der Psychoanalyse erkannt werden. Das Christusgeheimnis erschließt sich uns letztlich nur, wenn wir ihm nahen durch unser Gebet.« Es fällt schwer, die Unterschiede zu sehen; schwerer noch fällt es, die Argumentation nachzuvollziehen. Wohl ist es wahr, daß man »letztlich« das Geheimnis Christi nur im Raum der Erfahrung, auch und gerade der des Betens erfaßt, so weit es erfaßbar ist, aber »die neueren Forschungen der Psychologie bieten eine tiefere Erklärung des menschlichen Tuns«.[5] Wohl ist es richtig, daß Glaube ins Geheimnis mündet, doch ebenso wahr ist es, daß wir es als dieses Geheimnis erst erahnen können, wenn wir dem Herrn als dem begegnen, der *»unter Pontius Pilatus«* gelitten hat und gestorben ist – und das festzustellen ist Sache der Historiker – und der in der Meditation der Kirche als der Kyrios erfahren worden ist – und das ist mit den sprachlichen und denkerischen Mitteln von Altertum und Mittelalter formuliert und uns als Erbe gegeben worden, welches wir uns zu eigen machen müssen.

Bei alledem geht es freilich um wesentlich mehr als um akademische Feinheiten oder gar um die Selbstverteidigung der Theologen. Das beweist in eindrucksvoller Kürze der allen bekannte Umstand, daß die Auseinandersetzungen unter dem Vorzeichen *Rationalität versus Irrationalität* in allen ihren Formen in äußerster Schärfe geführt werden. In besonderer Weise und in verstärktem Maß gilt dies für den Streit im religiösen Bereich. Es ist erschütternd zu sehen, mit welcher Lieblosigkeit und Gehässigkeit sich gerade die (meist selbsternannten) Hüter jener kirchlichen Orthodoxie gerieren, welche doch als Grund-Aussage die Verwirklichung der geschwisterlichen Liebe verkündet. Hier fällt es besonders auf, aber diese Erscheinungen sind nicht auf den christlichen Bereich begrenzt. Sie zeigen sich gleicherweise in anderen Religionen, im Islam wie im Judentum, sie beherrschen aber auch zunehmend das Feld der politischen Auseinandersetzung. Das weist darauf hin, daß wir es mit einem umfassenden Phänomen zu tun haben.

In der heutigen Diskussion wird es gewöhnlich als *Fundamentalismus* bezeichnet. Er erscheint wie eine grassierende Seuche, die sich endemisch verbreitet und eine Gefahr von bald globalen Ausmaßen darstellt. Vor ihr nachdrücklich zu warnen, sahen sich sowohl der *»Club of Rome«* wie auch der *Papst* in jüngster Zeit veranlaßt, und zwar beide wegen des damit verbundenen Fanatismus, der ihnen als ernste Bedrohung des Friedens erscheint.[6]

2. *Die Suche nach dem Rettenden*

Warum ist das alles so, wie es ist? Zuerst muß man sich darüber klar werden, daß solche antirationalen Strömungen, wie sie sich mit allen Fundamentalismen verbinden, nicht gerade taufrisch sind. Es hat sie wohl immer gegeben; man könnte leicht nachweisen, daß schon die erste und wohl auch gefährlichste Häresie in der Kirchengeschichte, *die Gnosis*, ihrem Wesen nach ein solcher Fundamentalismus war – vielleicht muß man exakter sagen: immer noch ist. Aber in der heutigen Ausformung sind sie ein typisches Produkt der Moderne nach der Aufklärung. Je stärker deren Denken Platz greift, um so deutlicher profilieren sie sich. Es kann auch anders nicht sein.[7]

Wir sind damit schon bei der Antwort auf die eben gestellte Frage. Es ist überliefert, daß im vorigen Jahrhundert die Frau des anglikanischen Bischofs von Worcester von der neuen Lehre *Darwins* hörte und darauf entsetzt ausgerufen habe: »*Mein Gott, laß uns beten, daß es nicht wahr ist, und wenn doch, daß es nicht weiter bekannt wird.*«[8] Das erscheint uns leicht als Paradebeispiel irrationaler Vorstellungen und wir sind geneigt, herablassend zu lächeln. Das sollten wir nicht tun: In Wirklichkeit hatte die Dame sehr respektable Gründe, die gleichen nämlich, wie der weiter oben zitierte katholische Bischof des 20. Jahrhunderts. Er wie sie waren zu ihren Äußerungen veranlaßt durch die Sorge, die überlieferte Gestalt des Glaubens leide Schaden, wenn irgendwelche Gelehrte frank und frei als fraglich hinstellen, was uralte und bewährte Tradition ist. Ihm wie ihr ging es in alledem sicher auch primär um die Kirche, um deren Glaubwürdigkeit und Einfluß, um die Seelenruhe der »kleinen Leute« und die Sicherheit der Seelsorge. Wenn gleichwohl alles nichts hülfe, meinte die Lady, so sollte das Neue wenigstens nicht bekannt werden. Ehe man sich über die Unbedarftheit der Bischofsgattin mokiert, sollte man sich erinnern, daß es gewichtige Mahnungen hochrangiger Kirchenvertreter gibt, die die Theologen dazu verpflichten wollen, ihre Forschungen nur beileibe nicht über die Medien zu vermitteln. Wenn es schon wahr ist, soll es wenigstens nicht weiter bekannt werden, scheinen auch sie zu denken.

Wir sind der Antwort nun nahe. Die Verteufelung unbefangenen und ehrlichen (was natürlich nicht schon heißt: immer auch richtigen) Argumentierens entspringt nicht einem *schlechthinnigen* Irrationalismus, sondern der Angst – einer sehr wohl begründbaren und begründeten Angst. Ihr Gegenstand ist der Verlust jener Werte, auf denen – wirklich oder vermeintlich, das ist nicht entscheidend – die bisherige Gesellschaft, die Kultur, die Moral, die Religion, das kirchliche Leben beruhten. Gehen diese Werte verloren, so die offenbar notwendige Konsequenz, gehen verloren alle Ordnungen von Gesellschaft, Kultur, Religion und kirchlicher Praxis. Das Chaos kommt! Daß solche Angst nicht grundlos ist, weiß jeder, der einmal Menschen mit Argumenten erschüttert hat, die ihnen bislang unbekannt waren. Nichts empfinden die meisten als schrecklicher, denn aus ihrem Kinderglauben gerissen zu werden. Das gilt sogar dann, wenn sie an ihm gelitten haben. Der Ruf ertönt: »*Was soll man denn eigentlich noch glauben?*« oder: »*War alles falsch, was wir bisher geglaubt haben?*«

Die Vertreter des Bestehenden, die Fundamentalisten, die Hüter des Glaubens – wie immer wir sie nennen wollen – suchen angesichts des Drohenden das Rettende. Das Drohende ist jeder Versuch, über den Rahmen des Überkommenen hinauszudenken, ist der Versuch, die Wahrheit tiefer zu erfassen, ist der Mut zum Risiko, um des Wahren willen auch den zeitweiligen Irrtum in Kauf zu nehmen – nicht, weil Irrtum und Wahrheit das Gleiche wären, sondern weil menschliches Suchen nach Wahrheit nur *by trial and error* Erfolg haben kann. Das Rettende aber ist die Sicherheit, die Geborgenheit, das, was »schon immer« oder auch »noch nie« so war, der Väter Sitte, Brauch und Glaube, ihr Tun und auch ihr Lassen.

Sehen wir genau hin, so lautet nun die Kontroverse nicht: *Rationalität gegen Irrationalismus*, sondern: *Wahrheit versus Wert*. Es geht um den Wert der Ordnung, den Wert der Sicherheit, den Wert der Tradition, den Wert des schlichten Glaubens. Es geht, klassisch gesprochen, um die Kontroverse *Sokrates versus athenischen Staat*. Der Philosoph bewegte sich nicht in den ausgetretenen Bahnen des Denkens: *Er macht sich nichts aus der Tradition, er verführt die Jugend, lästert die Götter,* interpretierten prompt

die Hüter der Polis das Neue und vordem Unerhörte seines Denkens und Fragens!
In Wirklichkeit aber steht eine veritable *Revolution* zur Debatte. Denn wer sich als Hirte des Rettenden und Wirker der Ordnung versteht, der wird unausweichlich den Anspruch erheben müssen, zum Diktator der Welt zu werden. Er wird ihn um so nachdrücklicher stellen, je mehr er sich auf der Seite des Gottes der Ordnung weiß. Und das zu wissen ist er immer geneigt: *Blasphemie* lautete die Anklage gegen den Athener Weisen! Vor allem aber wird er seinen Anspruch unbefangen durchsetzen: Wenn Gott mit ihm ist, wer kann dann schon gegen ihn mit Recht und in Wahrheit antreten? Fundamentalismus führt mit inniger Logik zum Totalitarismus – und dies nicht nur im Islam. In seiner scharfsinnigen Analyse des 20. Jahrhunderts bemerkt der französische Philosoph *André Glucksmann:* »Das fundamentalistische Argument hat Wirkung, noch ehe es überzeugen kann. Die religiösen Kräfte, die es wachruft, verbindet es auf metaphysische Weise. Man erinnere sich, daß die Metaphysik nicht diesen oder jenen wissenschaftlichen oder folkloristischen Ausschnitt der Wirklichkeit, sondern das Seiende im Ganzen betrachtet. Die Fundamentalismen sind revolutionär, denn sie beschränken sich nicht auf eine begrenzte Subversion der Kultur und der Gewohnheiten. Sie sind radikal konservativ, denn sie suchen die liebliche Parzelle einer ursprünglichen Tradition zu retten. Sie riskieren alles, um alles zu retten. Sie sind apokalyptischer Natur und wollen alles oder nichts. Die fundamentalistische Ambition geht über die plumpeste Prahlerei in der Werbung hinaus; sie verspricht das Umfassende, das Tiefste und das Erhabenste.«[9] Sokrates kann nicht leben bleiben, so der Staat sicher existieren soll.
Wir verstehen, daß es sich bei unserem Problem mitnichten um ein akademisches, ja nicht einmal ein pastorales Problem allein handelt, sondern daß es um Wohl und Wehe der Menschen geht. Nicht ohne Grund hat es *Johannes Paul II.* in einem Dokument zum *Weltfriedens*tag angesprochen. Damit ist es selbstverständlich eine Frage, die von höchster pastoraler Relevanz ist – nicht nur »auch«, sondern gerade. Denn die vordringliche Aufgabe der Religionen insgesamt und der christlichen im besonderen ist die Wah-

rung und Sicherung des Friedens. Er ist global durch die apostrophierten Erscheinungen bedroht, er ist es aber auch im bescheidenen Rahmen unserer Gemeinden und Diözesen, die auf eben diesem Globus beheimatet sind. So müssen wir weiter fragen.

3. *Wahrheit und Rationalität*

Dazu sind die Begriffe zu klären. Was ist Wahrheit, was Rationalität? Ein mögliches Mißverständnis muß zu Anfang ausgeräumt werden. Wenn hier für den Vorrang der *Wahrheit* gegenüber dem *Wert* und der *ratio* vor der *affectio* plädiert wird, dann geht es gerade nicht um »Alles oder Nichts«, sondern um die Frage des *Vor*-Ranges, d. h. um die richtige Hierarchie in der Wirklichkeit. Weder Werte noch Gefühle stehen prinzipiell zur Debatte; die einen sind so wichtig wie die anderen. Zur Diskussion steht ferner nicht, daß viele unverzichtbare Wertvorstellungen derzeit gefährdet sind und daß es der Anstrengung aller Guten bedarf, um ihnen gebührende Geltung zu verschaffen. Gestritten wird auch nicht darüber, daß in unserer Welt, auch in der der Theologie und des kirchlichen Lebens, die emotionalen Momente oft viel zu kurz kommen und daß dies schlimm ist. Wir halten es da mit dem weisen *Aristoteles*, der, weiß Gott, ein rationaler Denker war und dennoch (oder deswegen) wußte: »Es ist auch gar nicht so, wie die Leute meinen, daß die Überlegung Ursprung und Führerin der Tugend sei, sondern viel eher die Gefühle. Denn zuerst muß einmal ein außervernünftiger Trieb zum Edlen entstehen – und er entsteht auch –, dann erst muß später die Überlegung dazukommen mit ihrer Zustimmung und ihrem Urteil.«[10] Wenn das überhaupt irgendwo zutrifft, dann sicher im Bereich der Religion. Das religiöse Empfinden und Leben wird nicht durch Theologenabhandlungen geweckt, sondern aus gelebten religiösen Erfahrungen in und mit Gebet, Liturgie, Feier und nicht zuletzt durch das Beispiel wahrhaft frommer Menschen. Eine zeitliche Abfolge ist aber noch nicht der Maßstab der sachlichen Rangfolge.
Wir wollten die Pilatusfrage stellen. Vor und nach der Frage des Richters Jesu (Joh 18,38) hat es ungezählte Antworten gegeben,

mit denen wir uns hier weder aufhalten können noch auch wollen, nicht einmal im Blick auf die ganz modernen Theorien.[11] Bei den meisten handelt es sich auch nicht um echte Alternativen, sondern um Ausdifferenzierungen ein und desselben Sachverhaltes.

Wahrheit ist jedenfalls stets eine Eigenschaft von Urteilen. Wahr ist eine Behauptung dann, wenn sie zutrifft. Und sie trifft zu, wenn der Fall ist, was behauptet wird. Was aber letzten Endes der Fall ist, ist das Sein. Wahrheit geht auf Sein. Ein Urteil ist mithin dann wahr, wenn ein Erkennender das Sein als Sein erkennt. Der Satz »Mein Tisch ist rund« ist ein Urteil, das dann wahr ist, wenn der Einrichtungsgegenstand, der mir gehört, wirklich ein Tisch ist, und zwar kein rechteckiger, sondern ein runder. Beides aber müssen Realitäten sein, die tatsächlich vorhanden sind.

Wahre Urteile sind nur möglich, wenn zwei Voraussetzungen gegeben sind:

a) Der Erkennende (und Urteilende) muß darauf vertrauen, daß Sein überhaupt und damit auch dieses Seiende (der runde Tisch) erkennbar ist;

b) er muß ferner einsehen, daß auch wirklich ist, was als Sein erscheint, daß es mithin tatsächlich diesen runden Tisch in der Wirklichkeit gibt und nicht nur in seiner Einbildung.

Darüber urteilt er, und andere können über sein Urteil ihrerseits befinden. Das heißt: Feststellung der Wahrheit vollzieht sich notwendig in der Sprache. Die Rundheit des gemeinten Tisches wird schon irgendwie sprachlich erfaßt, sie wird mittels der Sprache anderen zugänglich gemacht und existiert für uns nur über Sprache. *Sprache ist somit Medium, Instrument und Ort der Erkenntnis von Wahrheit.*

Damit aber haben wir eine wichtige Feststellung getroffen: Da die Sprache dem Wandel unterworfen und mehrdeutig, da sie, anders gesagt, *geschichtlich* ist, ist davon auch die Wahrheit betroffen – nicht in sich: Was wahr ist, ist stets und ständig wahr; wohl aber für uns, die wir sie erkennen wollen oder sollen. Unsere Erkenntnis der Wahrheit kann tiefer oder oberflächlicher, genauer oder verschwommener, rudimentär oder vollkommen sein. Das Wort »Tisch« kann bedeuten *Eßtisch, Ladentisch, Schreibtisch,* sich also auf ganz verschiedene Arten beziehen; früher einmal hieß »Tisch«

auch *Schüssel, Gericht, Speise.* »Rund« trifft sowohl auf *kreisförmige* wie auf *ovale* Gebilde zu. In neuester Zeit ist auch von »runden Tischen« dort die Rede, wo die betreffenden Möbel eckig sind: Ich denke an die so genannten Beratungsgremien während der »Wende« 1989/1990. Der Satz »Mein Tisch ist rund« ist also wahr, aber das von mir Erkannte und Mitgeteilte vermag deutlicher erkannt und mitgeteilt zu werden: »Mein Tisch ist ein kreisförmiger Eßtisch.«

Nun scheint diese Feststellung nicht eben bedeutend zu sein. Die meisten Leute interessiert ganz und gar nicht, wie mein Eßtisch beschaffen ist. Sie kann aber durchaus interessant werden – für mich, wenn ich umziehen und meinen Tisch mitnehmen will: Geht er in das neue Zimmer?; für andere, wenn sie ihn kaufen möchten: Paßt er zu den anderen Möbeln? Weil aber von der Antwort in gewisser Weise Wohlbefinden abhängt, kann man sagen, daß von der Wahrheit der Behauptung in gewisser Weise meine Existenz betroffen ist. Das ist im Beispiel nur sehr beiläufig der Fall, doch grundsätzlich hat Wahrheitserkenntnis Folgen, die mich und meine Welt betreffen. Wahrheit ist immer *existentiell.*

Das ist besonders dann der Fall, wenn nicht irgendwelche Seienden, sondern das höchste Wesen, wenn also Gott als das alles begründende und selbst in nichts gründende Sein in Frage steht. Die Wahrheit oder Falschheit der Behauptung *»Gott existiert«* hat höchste existentielle Bedeutung. Wenn irgendwo, dann kommt hier alles darauf an, daß der Fall auch *ist,* was als der Fall *behauptet* wird.

Damit stehen wir bei der fundamentalen Frage, wie denn Wahrheit erkannt werden kann. Wie bekommen wir heraus, nicht nur, ob ein Tisch und in welcher Weise er rund ist, sondern ob Gott existiert, ob er gut ist, ob er uns retten oder verdammen will, ob er mich liebt? Die Antwort lautet: Indem der Mensch rational vorgeht!

Sie provoziert damit die Frage, was das sei, *die Rationalität.* Schon die Frage nach dem Wesen der Wahrheit hat uns zur Antwort veranlaßt, daß es eben nicht eine, sondern viele Antworten darauf gibt. Für die gerade gestellte gilt das in noch viel stärkerem Maße.

Hans Lenk hat in einer entsprechenden Analyse nicht weniger als 21 Begriffsvarianten katalogisiert; er hat nicht behauptet, die Liste sei erschöpfend.[12] Wieder können wir freilich für unser Vorhaben erfreuliche Beschränkung üben: Wir fragen nur nach jenem Typus von Rationalität, wie er im Abendland und hier auch für die abendländische Theologie prägend geworden ist.

Bekanntlich hat die klassische griechische Philosophie und mit ihr auch die mittelalterliche christlich-philosophische Tradition den Menschen als *animal rationale* definiert. Rationalität ist das, was der Mensch im Unterschied zu allen anderen bekannten Lebewesen hat. Gemeint war damit das Vermögen, das Wesen der Dinge zu erfassen sowie die Fähigkeit, sie zusammenzuschauen und aus der Synthese Folgerungen zu ziehen. Rationalität ist, etwas umfassender verstanden, *die Fähigkeit, das Verhältnis zur Wirklichkeit zu ordnen, verständlich zu erklären und die Regeln des Handelns zu begründen.* Rationalität ist also genau jenes Instrument, nach dem wir suchen: Sie dient der Vergewisserung der existentiellen Wahrheit, und sie tut dies auf diskursive Weise. Das geschieht nicht um des bloßen Wissen-Wollens, sondern um des Leben-Könnens willen. Wegen der Lebensbedeutung der Wahrheit ist es nicht nur wichtig, einfach zu erkennen, was der Fall ist, vielmehr ergibt sich daraus sofort – und je bedeutender die Wahrheit ist, um so dringender –, was zu tun, wie zu leben ist. Rationalität ist, weil Instrument der Wahrheitserkenntnis, auch Voraussetzung ethischen Handelns. »Wir müssen wissen, was der Fall ist, um sagen zu können, was wir sollen«, umschreibt *H. Lübbe* die Grundstruktur der Rationalität.[13] Rationalität macht es möglich, unter den bestehenden Handlungsmöglichkeiten die beste zu wählen und zu verwirklichen. Die mittelalterliche Philosophie brachte diese Erkenntnis auf das bekannte Axiom *»Agere sequitur esse«*. Wie ich handeln muß, ergibt sich aus der Wahrheit, weil die Werte dem Sein folgen. Fundamentalistisches Denken dagegen kehrt die Ordnung um: Nach ihm bestimmt der Wert, was sein darf: *»Esse sequitur agere«*. Das ist seine eigentliche Irrationalität und – weil die rationalitas das Kennzeichen der humanitas ist – der Grund seiner Inhumanität, die er in allen seinen Formen zeigt. Es wird klar, warum das so sein muß.

Wie schon beim Thema *Wahrheit* werden wir auch beim Thema *Rationalität* sagen müssen: Je existentieller die Sachverhalte sind, um die es geht, um so bedeutungsvoller wird die Rationalität. Dann aber ist im Bereich der Religion in allen ihren Ausdrucksformen Rationalität von höchster Wichtigkeit. Religion ist nicht zuständig für alles, wohl aber für das Ganze. Ihr geht es um Gott und die Welt, nicht schlankweg und schlechthin, aber im einzig Entscheidenden: Wie findet die Welt Gottes Heil? Die Antwort kann nicht mehr in der empirischen Vergewisserung, durch vernünftiges Forschen allein gefunden werden. Es bedarf dazu des Vertrauens nicht nur ins Sein als solchem, sondern in den Grund aller Wirklichkeit. Gerade aber wenn man in der Vorlage dieses umfassenden Ganzen alles *glauben* muß, kann man nicht *alles* glauben. Es bedarf der Vergewisserung der Wahrheit, mithin der Rationalität des Glaubenden.

4. Zeugnis der Wahrheit

Ist Rationalität ein Kennzeichen der Humanität des Menschen, dann gibt es so viele Weisen der Rationalität, wie es Möglichkeiten menschlicher Wahrheitsvergewisserung gibt. Sofern diese in systematischer und methodischer Ordnung vor sich geht, sprechen wir von *Wissenschaft*. In Verbindung mit dem Glauben ergibt sich eine Reihe spezifischer Fragen an die Form der Glaubensvergewisserung, wie sie grundsätzlich von jedem Christen verlangt, in besonderer Form aber von der christlichen Theologie gefordert wird. Während die anderen Wirklichkeitsbereiche und damit auch die ihnen zugeordneten Wissenschaften durch Beobachtung, Experiment, Theorieerprobung, Erfahrung erschlossen werden und damit die Ergebnisse prinzipiell falsifizierbar und überholbar sind, beansprucht das Glaubenswissen, auf der irrtumsfreien und souveränen Offenbarung Gottes zu beruhen, die ein für alle Male ergangen und immer gültig ist. Noch eine weitere Besonderheit ist zu notieren. Primäres Ziel der Wirklichkeitserschließung in allen anderen Bereichen ist Kenntnis der Sache, weshalb die entsprechenden Wissenschaften auf Lehre und System angelegt sind und in ihnen zur Reife gelangen. Anders steht es beim Offenbarungsglauben. Er mündet nicht in Dinge, sondern in eine Person, in Jesus Christus, in dem sich Gott unübertreffbar und zugleich unausschöpfbar mitgeteilt hat. Dementsprechend ist christliche Wirklichkeitsvergewisserung einschließlich der Theologie ausgerichtet auf die Erkenntnis des geschichtlichen Handelns Gottes, das a priori in kein System zu bringen ist. Christentum beruht darum nicht auf spekulativer Erkenntnis, sondern auf *Zeugnis von Zeugen*.

Martys und seine Ableitungen sind neutestamentliche Schlüsselbegriffe, denen die Termini des Bekennens entsprechen.[14] Jesus ist der getreue Zeuge schlechthin (Offb 1,5; 3,14), der in die Welt gekommen ist, um Zeugnis für die Wahrheit abzulegen (Joh 18,37; vgl. 3,11.32f; 8,13f). Erfüllt vom Heiligen Geist, der in ihnen Zeugnis für den Herrn ablegt (1 Joh 5,6ff), geben die Apostel nach seiner Erhöhung ihrerseits Zeugnis für den Kyrios (Apg 1,8.22; 2,32 u. ö.). Die Gläubigen, die es annehmen, besitzen das Zeugnis nunmehr in sich und werden zu Propheten Gottes (Offb 11,3–7; 12,17; 19,21). Nicht selten schließt dies das Martyrium, das Blutzeugnis ein (Apg 22,20; Offb 6,9; 17,6).

Die Wahrheit Gottes in Jesus Christus ist also in der Kraft des Geistes zu bezeugen. Das hat andere Vergewisserungsmechanismen zum Inhalt als bei anderer Wirklichkeitserkenntnis, doch auch sie sind rational und müssen den Maßstäben der Rationalität genügen. Auch diese Aussage wird im Neuen Testament bestätigt. Jesus selber verlangt kein blindes Vertrauen in sein Wort, sondern verweist darauf, daß es wahr ist, weil es durch andere Zeugnisse bestätigt wird. Genannt werden der Täufer (Joh 1,6ff.15.19; 3,26ff; 5,33–36), der Vater selber (Joh 5,31f.37f; 8,16ff), die Schrift (Joh 5,39; Hebr 7,8.17; Apg 10,43). Er argumentiert und zeigt, besonders in Gleichnissen, Dimensionen der Wirklichkeit schlüssig auf. So kann er »Lehrer«, »Rabbi« heißen (Mt 23,10; Joh 1,38; 3,2.10). Vor allem die Briefliteratur macht öfters auf die kognitiven Elemente in der christlichen Botschaft aufmerksam. So mahnt Paulus die Christen Roms: »Erneuert euer *Denken, damit ihr prüfen und erkennen könnt*, was der Wille Gottes ist« (Röm 12,2). »*Einsicht und Verständnis*« wünscht er den Philippern,

»damit ihr *beurteilen* könnt, worauf es ankommt« (Phil 1,9f). Wenn Gott nach 1 Tim 2,4 will, daß »alle Menschen gerettet werden und *zur Erkenntnis der Wahrheit* gelangen«, dann ist sicher auch jener Bereich abgedeckt, der später als »Theologia naturalis« bezeichnet worden ist, also kognitive Wirklichkeitserfassung aus den Daten der Realität. In diesem Zusammenhang darf auch das bekannte Wort des ersten Petrusbriefes nicht unzitiert bleiben: Die Christen sind gehalten, »jedem Rede und Antwort zu stehen, der nach der Hoffnung fragt, die euch beseelt« (1 Petr 3,15). Im Griechischen ist vom *logos* der Hoffnung die Rede. Mit Recht sieht die christliche Theologie diesen Passus als ihre Gründungsurkunde an.

Die Rationalität der christlichen Wahrheit und die Notwendigkeit der Rechenschaftsablage für den Glauben ist nun nicht eine positivistische Setzung der Bibel und erst recht nicht eine Art Konzession an die nachaufgeklärte Menschheit, die an sich nicht nötig wäre, wären die Menschen gläubiger. Vielmehr liegt beides im Wesen der christlichen Offenbarung und des ihr entsprechenden menschlichen Glaubens begründet. Denn Gott will sich *Menschen* mitteilen; zur Menschlichkeit aber gehört unverzichtbar Rationalität als Unterscheidungsmerkmal gegenüber allen anderen irdischen Geschöpfen. Gott will mit seiner Selbstmitteilung einen Glauben wecken, der nichts anderes ist als die Liebesantwort auf seine Liebe. *Liebe* aber ist ihrem Wesen nach freie Entscheidung, die der Mensch als ganzer und mithin auch als *animal rationale* verantworten muß. Er muß also hinreichende Gründe haben, daß er glaubt und *nicht nicht* glaubt. Ein Glaube ohne Einbezug des rationalen Denkens wäre *ein Glaube an den Glauben,* nicht ein Glaube an Gott.

Was für die Offenbarung als solche gilt, trifft auch für deren geschichtliche Vermittlung zu, d. h. konkret für die Glaubensverkündigung der Kirche. »Die Offenbarung eines Gottes, von dem verkündet wird, daß er die universale Wahrheit ist und das Heil aller Menschen will, muß von jedermann verstehbar und als Wahrheit frei annehmbar sein.«[15] Sie muß also wiederum rational vermittelt werden. Das hat die Kirche auch stets versucht: Sie hat Unterricht und Unterweisung jeder Art gefördert, ein Lehramt

ausgebildet und die wissenschaftliche Theologie als reflexive Übersetzung des Geglaubten in den Horizont der hier und jetzt Glaubenden gefördert. Das Letztere hat sie nicht immer mit innigster Hingabe getan, weil von den Anfängen einer akademischen Theologie bis zur Stunde ständig Spannungen aufgetreten sind zwischen den Vertretern der *cathedra magisterii pastoralis*, also dem Lehramt der Bischöfe, und denen der *cathedra magisterii magistralis*, also dem Lehramt der Theologen, wie noch ein *Thomas von Aquin* sprechen konnte.[16] Sie hat gleichwohl niemals der Versuchung stattgegeben, allein auf das Lehramt als Autorität zu setzen. Denn auch wenn ein solches selber zu den Vorgaben des Glaubens gehört, der bezeugt werden muß, so steht es doch gleichzeitig unter denselben Gesetzmäßigkeiten wie dieser Glaube. Mithin können auch Lehramtsträger nicht *par ordre de Mufti* vorgehen, sondern müssen begründen, was sie lehren. Hier darf an eine kluge Äußerung eines mittelalterlichen Theologen erinnert werden. *Alanus ab Insulis* († 1202) schrieb der Autorität ins Stammbuch: »Weil die Autorität eine wächserne Nase hat, d. h. in verschiedene Richtung gewendet werden kann, muß sie durch Vernunftgründe gefestigt werden (*rationibus roborandum est*).«[17]
In unserem Missale steht am 7. Sonntag im Jahreskreis ein sehr altes Tagesgebet, das in der deutschen Fassung lautet: *»Barmherziger Gott, du hast durch deinen Sohn zu uns gesprochen. Laß uns immer wieder über dein Wort nachsinnen, damit wir reden und tun, was dir gefällt.«* Der ursprüngliche Text ist noch viel präziser: *»semper rationabilia meditantes«* bittet die Gemeinde Gott um das rechte Reden und Tun. Hier ist genau ausgesprochen, um was es im christlichen Leben geht.

5. *»Wir wissen, daß sein Zeugnis wahr ist«*

Das Johannesevangelium, welches die Zeugnis- und Wahrheitsgestalt der Botschaft Jesu am nachdrücklichsten herausgearbeitet hat, endet mit einer redaktionellen Schlußbemerkung des Herausgebers (so die Überschrift in der Einheitsübersetzung): »Dieser Jünger ist es, der all das bezeugt und der es aufgeschrieben hat;

und wir wissen, daß sein Zeugnis wahr ist« (Joh 21,24). Der kurz davor durch die Gegenüberstellung zu Petrus hervorgehobene Jünger wird als der bleibende Zeuge (*ho martyrôn:* Part. Präs.) vorgestellt. Er verbürgt sich für das Christusgeschehen in einer Weise, die auf seiten des Herausgebers und seiner Gemeinde ein Wissen um die Zuverlässigkeit des Zeugnisses hervorruft. Damit ist gewiß mehr als eine bloß rationale Plausibilitätserkenntnis gemeint: Es geht um die radikale Haltung des Glaubens, die den Menschen in seiner Totalität beansprucht; genau deswegen ist aber die ratio *auch* angesprochen und sie ist in dem Maße und in der Weise angesprochen, in welcher sie von Bedeutung für humanes Verhalten ist. Und weil »dieser Jünger« bereits im Dienst der Vermittlung des Evangeliums maßgeblich und in apostolischer Maßstäblichkeit steht, ist auch die Art seines Zeugnisses verbindlich für uns. Es muß so sein, daß man auf dieses Zeugnis hin *die Wahrheit wissen* kann.

Damit stehen wir nach den vielleicht sehr abstrakt anmutenden theoretischen Erörterungen wieder mitten in der Gegenwart und in unserer aktualen Pflicht. Versuchen wir, einige dafür dienliche Hinweise zu erarbeiten, die sich aus ihnen ergeben könnten. Wir stehen heute in einem epochalen Umbruch auf allen Lebensgebieten, dessen ganze Ausmaße sich erst langsam erschließen. Sie alle haben natürlich auch Konsequenzen für den Verkündiger des Glaubens – die ökonomischen Daten ebenso wie die ökologischen, die politischen nicht minder wie die sozialen. Auf zwei Faktoren sei eigens aufmerksam gemacht, die eminent wichtig sind. Die *wissenschaftlichen Erkenntnisse* wachsen explosionsartig. Neue Paradigmen werden auf vielen Gebieten aufgestellt, weil die alten sich als unzulänglich erwiesen haben. Dazu gesellt sich eine unübersehbare *Entchristlichung* in weiten Teilen der Welt, ganz sicher in Europa. Beide Phänomene zwingen dazu, die kognitiven Gehalte des Glaubens in weitaus stärkerem Ausmaß zu vermitteln, als dies in einer Gesellschaft nötig war, die wenigstens noch überwiegend und fast selbstverständlich christlich sozialisiert war. Das heißt einmal, daß der Glaubensverkünder den Stand wenigstens jener Wissenschaften kennen muß, die, wissenschaftstheoretisch gesprochen, in besonderer Weise Hilfswissenschaften der Theologie sind. Das sind neben den Naturwissenschaften die Humanwissenschaften, insbesondere Physik (Schöpfungstheologie), Biologie, Psychologie, Philosophie und Soziologie. Das heißt weiter, daß pastorale Arbeit wesentlich mehr Glaubensinformationen liefern muß als bisher. Man muß sich klar darüber sein, daß eine ganze Generation heranwächst, die die elementaren Inhalte christlichen Glaubens nicht mehr kennt; und wo das noch der Fall ist, hat sie kaum noch einen lebensweltlichen Zugang zu ihnen.

Ist dem so, dann ist aber jede Form der Glaubensvermittlung zum Scheitern verurteilt, die im fundamentalistischen Verständnis »den alten Glauben« in katechismusartiger »Einfachheit« und »Klarheit« ohne Reflexion auf die tatsächlichen Verhältnisse tradieren möchte. Das gilt auch dann, wenn viele, auch junge Christen gerade das am liebsten hätten. Sie suchen allerdings im Grunde nicht den Glauben, sondern Sicherheit. Sie möchten die Hütten vermeintlicher Herrlichkeit dort bauen, wo Jesus sie nicht bauen läßt. Der Berg Tabor ist eine Durchgangsstation gewesen; der Herr hat seine Kirche auf diesem Berg nicht errichtet. Schon *Blaise Pascal* hat »gegen die Ungläubigen« geschrieben: »Wenn man sich nur um Sicheres bemühen dürfte, dürfte man sich nicht um Religion bemühen; denn sie ist nicht sicher.«[18]

Religion gibt freilich *Gewißheit* in der Unsicherheit des Lebens. Das jedoch ist etwas anderes. Wir werden im Glauben inne, daß Gott der Herr in allen Wechselfällen der Geschichte ist, aber wir bleiben vor keinem einzigen Wechselfall um unseres Glaubens willen bewahrt. So darf man sich mit Mut und Gelassenheit auf alle Wechselfälle einlassen, auch auf die ganz epochalen. Man braucht nicht Angst zu haben, daß irgendeine Erkenntnis, wenn sie denn wahr ist, sich nicht auch vor unserem Glauben bewähren würde; und so braucht man auch nicht wie des Bischofs Frau seinerzeit darum zu beten, daß sie den Gläubigen verborgen bleiben möge. Die Wahrheit macht immer frei (vgl. Joh 8,32) – wobei nicht auszuschließen ist, daß manche Menschen sich an ihre Fesseln so gewöhnt haben, daß sie böse sind, wenn man sie ihnen abstreifen will.

Angst braucht man darum auch nicht zu haben, man müsse Irrtümer der Kirche eingestehen und wirke also verstärkend auf die allgemeine Verunsicherung der »guten Christen« und der »einfachen Leute«. Grundsätzlich ist zu sagen, daß man nicht päpstlicher als die Päpste zu sein braucht, die seit *Paul VI.* öffentlich Abbitte für Irrtümer geleistet haben, die in der Vergangenheit geschehen sind.[19] Außerdem ist hinzuzufügen, daß man auch nicht dogmatischer als die Dogmatiker sein muß: Wo eine Lehre nicht mit dem deutlichen und klaren Anspruch der Unfehlbarkeit vertreten wird, ist sie auch nicht unabänderlich. Bei den meisten heute inner- und außerkirchlich diskutierten Problemfällen liegt jedoch ein viel schlichterer Tatbestand vor: Die Kirche verkündet den Glauben zu keiner Zeit in chemischer Reinheit und weltloser Abstraktheit. Sie ist nicht nur auf die Sprache der jeweiligen Menschen angewiesen, sondern auch auf die wissenschaftlichen Rahmenvorgaben der jeweiligen Zeit. Ihre vermittelnde Tätigkeit kann von beidem in keinem Moment absehen. Ändern sich aber Sprache oder Rahmenvorgaben, dann muß sich auch die Vermittlung ändern – nicht, weil diese vorher falsch war, sondern weil sie im alten soziokulturalen Kontext *nur so* erfolgen konnte, heute aber im anderen Kontext *nicht mehr so* erfolgen kann. Unter den denkerischen und sozialen Bedingungen des Altertums konnte kaum eine andere Sexualmoral von der Kirche gelehrt werden, als es geschah[20]; unter den heutigen Bedingungen kann diese gleiche und damals adäquate Sexualmoral nicht mehr plausibel sein. Im patriarchalistischen Horizont, unter dem die Kirche bis in unser Jahrhundert hinein gedieh, ließ sich über die Frauen wohl nicht viel mehr sagen, als sie hat verlauten lassen; in einem emanzipatorischen Kontext genügt das absolut nicht mehr.

Last, but not least sollten wir selber so viel Glauben haben und auch vermitteln, daß wir des Wortes Christi eingedenk bleiben, daß der Heilige Geist uns in alle Wahrheit *einführen* wird, d. h. die Kirche auf dem Weg durch die Zeit in eine Dynamik versetzt, in der uns sicher nichts anderes gesagt wird als der Herr gesagt hat; aber weil er sich uns *selber* mitgeteilt hat, vermögen wir sein Wort nie ganz und nie in gelungener Synthese zu erfassen. Dann aber kann es sein, daß es uns ganz unerhört, ganz neu, ganz überraschend vorkommt. Weil *er* die Wahrheit ist, kann auch die Kirche nie Wahrheitsbesitzerin, sondern stets nur Wahrheitssucherin

sein. Daß sie auf diesem Wege nicht irreversibel irre geht, ist ihr verheißen, mehr nicht, aber auch nicht weniger.
So dürfen wir uns heiter und ohne jede verengende Angst dem Glauben und auch der Zeit gleichermaßen stellen. Die Wahrheit ist immer beider Tochter und kann nur gedeihen in der Liebe beider Eltern. Versuchen wir ganz am Schluß noch ein paar knappe Überlegungen, wie dann pastorale Glaubensvermittlung aussehen könnte. Sie wollen auch nicht einigermaßen erschöpfend sein, sollen aber anregend wirken. In kurzen Thesen mögen sie zusammengefaßt werden:
1.) Der Erfolg der Glaubensverkündigung hängt wesentlich von der existentiellen Glaubwürdigkeit des Verkünders ab. Damit ist nicht nur die persönliche Aufrichtigkeit angesprochen, sondern eben die Art und Weise seiner Christusnachfolge – also seine Spiritualität, die liturgischen Vollzüge, die Lebensweisheit, die Predigt, die persönliche Lebensgestaltung.
2.) Der Erfolg der Glaubensverkündigung wird in hohem Maß bestimmt von der theologischen Sachkompetenz des Verkünders. Die Allgegenwart der Medien vermittelt auch in religiös und theologisch relevanten Fragen ein allgemeines, relativ breites Problemwissen. Darauf muß man angemessen reagieren können – vertiefend, korrigierend, abwehrend, je nachdem.
3.) Die Glaubensverkündigung kann sich nicht mehr auf reine »Mystagogie« beschränken. So wichtig bleibend die Einführung in die existentiell liturgisch-geistliche Dimension des Glaubens ist, so wichtig ist vor allem in der heutigen Situation auch die Einführung in die *Inhalte* des Glaubens. So wird es für eine Gemeinde hilfreich sein, wenn ab und an thematische Predigten erwachsenenkatechetische Erfordernisse erfüllen: Man kann beispielsweise in der Adventszeit oder in der Quadragesima einmal über alle Sakramente, über das Credo, über die Kennzeichen der Kirche reden; der Mai oder Oktober bieten sich an für eine kleine Mariologie. Dringend notwendig ist es, Foren einzurichten, auf denen Interessierte das elementare theologische Wissen vermittelt und auch Antwort auf die sie tatsächlich bedrängenden Fragen bekommen können. Dazu dienen Seminare oder Glaubensgespräche, die in lockerer Folge angeboten werden. In den Pfarrmedien sollte ab

und an aufmerksam gemacht werden auf die Möglichkeiten der Weiterbildung, wie sie die Deutsche Bischofskonferenz mit »Theologie im Fernkurs« über die Würzburger Domschule anbietet.

4.) Das religiöse und theologische Medienangebot ist bei uns zulande außerordentlich reich und vielgestaltig: Es gibt Bücher, Zeitschriften, Videokassetten, Filme für beinahe jede Bildungsebene. Wir wissen allerdings, daß es für den Normalmenschen nicht nur unüberschaubar ist, sondern daß viele Menschen auch eine Art Schwellenangst vor dem Buchgeschäft haben. Ein pastoraler Dienst wäre heute auch der Hinweis auf entsprechende Literatur, auf Wochen- oder Monatsblätter. Vielerorts gibt es vorweihnachtliche Buchausstellungen; man findet sicher leicht andere Anlässe und Gelegenheiten zu entsprechenden Empfehlungen.

Wir haben gesprochen von Irrationalismus und Rationalität, von dem Haben der Wahrheit und vom mühsamen Suchen der Wahrheit, von der Angst und von der Gelassenheit. Das haben wir nicht aus müßiger Spielerei getan, sondern im Angesicht einer kirchlichen Situation, die uns bedrängt, der in irgendeiner Weise gegenzusteuern die Verkünder des Glaubens berufen sind. Es sind dies letztlich alle Getauften, aber in besonderer Weise jene, die ein Amt in der Kirche haben: »Ihr sollt meine Zeugen sein . . . bis an die Grenzen der Erde« (vgl. Apg 1,8). Das geht nicht anders denn in Bedrängnis und Zagheit; wir bedürfen darum des ermutigenden Wortes: »Fürchtet euch nicht!« Was aber ist, wenn wir uns nicht darauf einlassen? In *Umberto Ecos* berühmtem Roman »Der Name der Rose« lesen wir ein eigenartiges Wort. Es soll am Ende unserer Überlegungen stehen, damit der Leser von neuem in die Thematik eindringen möge: »Der Teufel ist nicht der Fürst der Materie, der Teufel ist die Anmaßung des Geistes, *der Glaube ohne ein Lächeln, die Wahrheit, die niemals vom Zweifel erfaßt wird.* Der Teufel ist schwarz und finster, denn er weiß, wohin er geht, und er geht immer dahin zurück, woher er gekommen ist.«[21]

Anmerkungen

1 *M. Baigent – R. Leigh,* Verschlußsache Jesus. Die Qumranrollen und die Wahrheit über das frühe Christentum, München 1991.
2 Vgl. zur Erstinformation: *O. Eggenberger,* Die Kirchen, Sondergruppen und religiösen Vereinigungen, Zürich ^{5}1990, 280–283; *H. Liebl,* Scientology: *H. Gasper – J. Müller – F. Valentin* (Hrsg.), Lexikon der Sekten, Sondergruppen und Weltanschauungen. Fakten, Hintergründe, Klärungen, Freiburg–Basel–Wien 1990, 940–948 (Lit.!).
3 *E. Drewermann,* Kleriker, Psychogramm eines Ideals, Olten–Freiburg i. Br. 1989, 118.
4 A.a.O. 741.
5 GS 54.
6 *Club of Rome,* Die globale Revolution, Hamburg 1991, 71; *Papst Johannes Paul II.,* Botschaft zum Weltfriedenstag am 1. 1. 1992, Die Gläubigen vereint im Aufbau des Friedens, Nr. 7, Ausgabe der DBK S. 12.
7 Vgl. *W. Beinert* (Hrsg.), »Katholischer« Fundamentalismus. Häretische Gruppen in der Kirche? Regensburg 1991 (Lit.!); *H. Kochanek* (Hrsg.), Verdrängte Freiheit. Fundamentalismus in den Kirchen, Freiburg–Basel–Wien 1991; *Chr. J. Jäggi – D. J. Krieger,* Fundamentalismus. Ein Phänomen der Gegenwart, Zürich–Wiesbaden 1991.
8 *H. Lübbe,* Religion nach der Aufklärung, Graz–Wien–Köln 1986, 28.
9 *A. Glucksmann,* Am Ende des Tunnels. Das falsche Denken ging dem katastrophalen Handeln voraus. Eine Bilanz des 20. Jahrhunderts, Berlin 1991, 147 f.
10 Magna Moralia, 1206 b (Die Lehrschriften, ed. *P. Gohlke,* Paderborn ^{2}1951, 113 f.).
11 *G. Skirrbek,* Wahrheitstheorien. Eine Auswahl aus den Diskussionen über Wahrheit im 20. Jahrhundert, Frankfurt a. M. 1977; *L. B. Puntel,* Wahrheitstheorien in der neueren Philosophie, Darmstadt 1978.
12 *H. Lenk,* Typen und Systematik der Rationalität: *ders.* (Hrsg.), Zur Kritik der wissenschaftlichen Rationalität, Freiburg–München 1986, 11–27.
13 Religion nach der Aufklärung 47.
14 Vgl. biblisch ThWNT 4,477–520, allgemein *E. Arens,* Bezeugen und Bekennen. Elementare Handlungen des Glaubens, Düsseldorf 1989.
15 *L. Honnefelder,* Wissenschaftliche Rationalität und Theologie; *L. Scheffczyk* (Hrsg.), Rationalität. Ihre Entwicklung und ihre Grenzen, Freiburg–München 1989, 291.
16 *Y. Congar,* Die Geschichte des Wortes »magisterium«: Conc (D) 12

(1976), 465–472. Vgl. zu den damit auftretenden Problemen *W. Beinert*, Was gilt in der Kirche?: *ders.* (Hrsg.), Nicht wie die Schriftgelehrten. Theologie – eine Chance für die Verkündigung, Regensburg 1990, 30–72.

17 De fide cath. contra haer. I, 30 (PL 210,333).

18 *B. Pascal*, Über die Religion (Pensées), ed. *E. Wasmuth*, Heidelberg [5]1954, Nr. 234, S. 127.

19 Erst im Februar 1992 hat *Johannes Paul II.* das bei seiner achten Afrikareise hinsichtlich der Sklavenhaltung getan.

20 Vgl. *P. Brown*, Die Keuschheit der Engel. Sexuelle Entsagung, Askese und Körperlichkeit am Anfang des Christentums, München 1991.

21 *U. Eco*, Der Name der Rose, München [12]1983, 607.

Eberhard Schockenhoff

Die kirchliche Sexualethik im Dialog mit der modernen Lebenswelt

Nicht nur Bücher, auch einzelne Worte haben ihr Schicksal. Gestern von kaum jemand beachtet, sind sie heute in aller Mund und morgen bereits Zeichen eines antiquierten Sprachgestus. Das gilt nicht nur von der leichtfüßigen Mediensprache der Werbung und der von ihr verwalteten Sprachwelt unseres öffentlichen Lebens. Auch in der Kirche werden plötzlich einzelne Begriffe zu anerkannten Faszinationsworten, um alsbald selbst in der kirchlichen Binnensprache wieder an den Rand gedrängt zu werden. Solch positive, emotional besetzte Grundworte, in denen sich die Vision einer erneuerten Kirche aussprach, waren zur Zeit des konziliaren Aufbruchs vor 30 Jahren die Forderung einer Öffnung zur Welt, nach ständigem »Aggiornamento«, die Rede von den Zeichen der Zeit und vor allem die Hoffnung darauf, daß der in Gang gesetzte Dialog mit der Welt es der Kirche ermöglichen werde, die Botschaft des Evangeliums aus einer größeren Lebensnähe zu verkünden.

Heute erinnern die Leitworte von damals hauptsächlich an enttäuschte Hoffnungen und noch immer ungenutzte Chancen. Die Forderung nach innerkirchlichem Dialog oder einer verstärkten Auseinandersetzung der Kirche mit der gewandelten Lebenswelt der Gläubigen ist auf vielen Gebieten ihrer Moralverkündigung uneingelöst geblieben. Vor allem die umstrittenen Fragen der Sexualmoral wurden immer mehr zu innerkirchlichen Tabuthemen, deren kontroverse Diskussion auf administrativem Weg unterbunden werden sollte. Aber auch dem Versuch der innerkirchlichen Dialogsteuerung durch das kirchliche Lehramt, der in seiner Wirkung nach außen einer Dialogverweigerung gleichkam, blieb eine große Ernüchterung nicht erspart. Die verordnete Denkpause führte nicht zur Wiedererstarkung des kirchlichen Glaubensbewußtseins, sondern allenfalls dazu, daß sich die innere Distanzierung der Gläubigen von umstrittenen Positionen des Lehramtes lautlos vollzog. Was als heilsames Moratorium gedacht war, in dessen atmosphärischem Schutz neue Glaubenskräfte wachsen sollten, verstärkte nur die Abschottung von der modernen Lebenswelt und führt so zu einem weiteren Erfahrungsverlust der kirchlichen Verkündigung. Viele der sexualethischen Weisungen der Kirche stoßen heute selbst bei ihren eigenen Gläubigen auf Befremden; hinter der verbreiteten Sprachlosigkeit verbirgt sich häufig der resignierte Eindruck, daß sich die Auseinandersetzung darüber in der Kirche überhaupt nicht mehr lohnt.

Das verhängnisvolle Schisma, das sich zwischen der gelebten *Erfahrungskompetenz* der Gläubigen und der *normativen Kompetenz* des Lehramtes auftut, zeigt sich auf keinem anderen Gebiet so deutlich wie auf dem Feld der kirchlichen Sexualmoral. Das liegt zum einen daran, daß sich innere Vorbehalte und Zweifel gegenüber kirchlichen Lehräußerungen in moralischen Fragen, die unmittelbar die persönliche Lebensführung betreffen, hartnäckiger zu Wort melden, als dort, wo es um die verbindliche Auslegung dogmatischer Glaubensaussagen geht. Ein einzelner Christ kann seine möglichen Zweifel an der Jungfrauengeburt zurückstellen und solange das »*natus ex virgine*« mit dem Credo der Kirche beten, bis ihm der stimmige »Ort« dieses einzelnen Dogmas innerhalb der Gesamtgestalt seines Glaubens aufgeht. Es wird ihm jedoch bedeutend schwerer fallen und auf Dauer kaum gelingen, die Weisung des kirchlichen Lehramtes zur Gestaltung seiner eigenen Sexualität und seines ehelichen Lebens anzunehmen, wenn er deren Plausibilität nicht einzusehen vermag. Die unterschiedliche Lebensnähe *moralischer Normen und dogmatischer Wahrheiten* verweist jedoch auch auf ein weitergehendes Grundproblem, das mit dem Selbstverständnis des kirchlichen Lehramtes und dem Wandel des Kirchenbildes auf dem Zweiten Vatikanischen Konzil zusammenhängt. Das Unverständnis, auf das die Morallehre der Kirche vor allem im Bereich ihrer sexualethischen Unterweisung stößt, ist wesentlich durch die *autoritative Form* und den *monologischen Sprachstil* lehramtlicher Äußerungen in diesem Bereich hervorgerufen, der hinter dem gewandelten Leitbild der *communio*-Ekklesiologie des Konzils zurückbleibt. Um diesen Eindruck zu verdeutlichen, genügt es freilich nicht, dem monologischen Anspruch des Lehramtes das plakative Schlagwort einer dialogischen Wahrheitsfindung in der Kirche entgegenzuhalten, das sich in den Dokumenten des Konzils weder dem Begriff noch der Sache nach findet. Wir müssen vielmehr fragen, in welchen theologischen Zusammenhängen das Wort »Dialog« in den Aussagen des Konzils steht und welche Konsequenzen dies für das Selbstverständnis des kirchlichen Lehramtes und die Aufgabenstellung der Moraltheologie hat.

1. Konzilsaussagen zum Dialog in der Kirche

Schon ein erster Durchblick durch die Konzilsdokumente zeigt, daß der Begriff »Dialog« keineswegs nur ein Lieblingswort progressiver Kirchenträumer ist. Er enthält vielmehr eine ekklesiologische Grundaussage, die in mehrfacher Hinsicht entfaltet wird. Selbst wenn man nicht das ganze Wortfeld zugrunde legt, zu dem auch die verwandten lateinischen Begriffe *»communicatio«* oder *»colloquium«* gehören, bleiben noch immer gut zwei Dutzend Stellen, an denen explizit vom Dialog in der Kirche, unter den christlichen Kirchen oder mit der Gesellschaft die Rede ist. Am häufigsten, nämlich neunmal, kommt der Begriff im Ökumenismusdekret vor. Es fordert einen »brüderlichen Dialog« zwischen den Kirchen, der dem Ziel dient, den anderen und in seinem Spiegel sich selbst besser kennenzulernen (Nr. 4 und 9). Dieser Dialog soll in Liebe und Wahrheit sowie in Achtung vor dem anderen geführt werden und sich über den gesamten Bereich der Glaubenslehre und der pastoralen Aufgaben erstrecken (Nr. 14 und 18). Ausdrücklich wird gefordert, daß auch die Lehre von den Sakramenten Gegenstand des Dialogs wird und daß einzelne Formulierungen des katholischen Glaubens bei aller notwendigen Sorge um die Bewahrung seiner Reinheit »keinerlei Hindernis ... für den Dialog mit den Brüdern bilden« dürfen (Nr. 11 und 22). Einen besonderen Platz im interkonfessionellen Dialog nehmen nach dem Willen des Konzils die Heilige Schrift und die Frage nach den gesellschaftlichen Konsequenzen des Evangeliums ein. Weil

Christen in diesen wichtigen Zukunftsfragen des christlichen Glaubens zu unterschiedlichen Lösungen kommen, ist ein »ökumenischer Dialog für die Anwendung des Evangeliums auf den Bereich des sittlichen Lebens« geboten (Nr. 21 und 23) – eine Aufgabe, der sich die ökumenische Bewegung nach einer langen Phase des interkonfessionellen Ringens um strittige Glaubensfragen seit den Versammlungen von Basel und Seoul zu stellen beginnt. Auf ortskirchlicher Ebene sind sozialethische Fragen von der Familienpolitik bis zum Asylrecht häufig Gegenstand ökumenischer Memoranden geworden, in denen sich die katholischen Bischöfe gemeinsam mit ihren protestantischen Amtsbrüdern zu Wort melden. Auf dem Gebiet der Sexualethik haben die unterschiedlichen Auffassungen beider Kirchen zur vorehelichen Sexualität, zur künstlichen Empfängnisregelung und zur Wiederverheiratung Geschiedener bislang dagegen zu keinem ökumenischen Dialog auf offizieller Ebene geführt.
In den weiten Horizont der Begegnung mit den Weltreligionen und den nichtchristlichen Kulturen anderer Völker stellt das Missionsdekret das Wort vom Dialog (Nr. 16, 20, 34 und 41). Es spricht die Hoffnung auf einen »aufrichtigen und geduldigen Dialog« aus, in dem die Jünger Jesu von den Menschen, unter denen sie leben, lernen und ihnen die Botschaft des Friedens und das Licht des Evangeliums bringen (Nr. 11 und 12). Das Dekret über die Priesterausbildung und die Erklärung über die christliche Erziehung sehen in der Ausbildung einer kultivierten Dialogfähigkeit ein christliches Bildungsziel von hohem Rang. Die künftigen Priester sollen dazu befähigt werden, den Menschen zuhören zu können und sich ihren Lebenssituationen zu öffnen (Nr. 19); katholische Schulen und Bildungseinrichtungen haben nach dem Willen des Konzils vor allem die Aufgabe, ein Forum des »Dialogs zwischen Kirche und menschlicher Gesellschaft« zu sein (Nr. 8 und 11).
Am grundsätzlichsten äußert sich die Pastoralkonstitution »Gaudium et spes« sowohl über den Dialog der Kirche mit der Gesellschaft als auch über den innerkirchlichen Dialog. Der »gegenseitige Dialog« zwischen Kirche und Welt ist ein Erfordernis der schlichten Tatsache, daß die Kirche in dieser Welt lebt und ihren

Weg nach dem Willen Christi, der durch seine Menschwerdung in unsere Geschichte eingegangen ist und sich selbst zu ihrem innersten Geheimnis gemacht hat, in Solidarität mit der ganzen Menschheit geht (Nr. 40). Die auf dem Weg zur einen Weltzivilisation voranschreitende Menschheit, die durch einen »zunehmenden Austausch der Kulturen« geprägt ist, kann ihre drängenden Zukunftsprobleme nur lösen, wenn sie in einen »wahren und fruchtbaren Dialog« eintritt, der vor allem zwischen den reichen und armen Ländern über die Bedingungen einer gerechten internationalen Wirtschaftsordnung zu führen ist (Nr. 56 und 85). Mit dieser Forderung greift das Konzil seine Aussage über die Würde des moralischen Gewissens auf, wonach die Christen durch die Treue zu ihrem Gewissen mit allen Menschen in der Suche nach wahrheitsgemäßen und gerechten Lösungen der individuellen und gesellschaftlichen Probleme ihrer Zeit verbunden sind (Nr. 16).

Das vorletzte Kapitel (Nr. 92), das ganz unter der Überschrift des Dialogs mit allen Menschen steht, zieht die Konsequenzen für das Leben und den Umgang miteinander, die sich daraus für die Kirche selbst ergeben. Weil die Kirche in der Welt das »Zeichen« (*signum*) einer brüderlichen Kultur des Dialogs ist, muß sie diesen auch in sich selbst verwirklichen: »Das aber verlangt von uns, daß wir vor allem in der Kirche selbst, bei Anerkennung aller rechtmäßigen Verschiedenheit, gegenseitige Hochachtung, Ehrfurcht und Eintracht pflegen, um ein immer fruchtbareres Gespräch zwischen allen in Gang zu bringen, die das eine Volk Gottes bilden, Geistliche und Laien.« Dann folgen zwei Sätze, die im Blick auf die zurückliegenden Auseinandersetzungen um den rechten Weg der Kirche allen Beteiligten Anlaß zur Gewissenserforschung bieten. »Stärker ist, was die Gläubigen eint, als was sie trennt. Es gelte im Notwendigen Einheit, im Zweifel Freiheit, in allem die Liebe (*in necessariis unitas, in dubiis libertas, in omnibus caritas*).« Die jüngste vatikanische Instruktion über die »kirchliche Berufung des Theologen« (24. Mai 1990) reduziert diese spannungsreiche Trias auf zwei Dialogregeln, die Einheit der Wahrheit und die Einheit der Liebe, die überall dort zu wahren ist, wo Gegensätze bleiben.[1] Davon, daß im Zweifel gerade im Volk Gottes die Freiheit und Eigenverantwortung der Gläubigen den Ausschlag gibt, ist nicht mehr die Rede. Der jahrhundertealte Grundsatz »*in dubiis libertas*«, den sich Papst Johannes XXIII. bei seiner Übernahme des Petrusamtes feierlich zu eigen gemacht hatte und den das Konzil dann nochmals zitierte, fällt stillschweigend unter den Tisch. Das ist nur ein Indiz unter vielen dafür, daß die immer stärker von gegenseitigem Mißtrauen geprägte Entwicklung der nachkonziliaren Kirche hinter den Intentionen des Konzils zurückbleibt.

2. *Die Aufgabe der Moraltheologie*

Betrachten wir noch eine letzte Aussage des Konzils zum innerkirchlichen Dialog, die wohl am häufigsten zitiert und beinahe ebenso häufig mißverstanden wurde. Sie steht in der Erklärung über die Religionsfreiheit, mit der die Kirche eine Zäsur in ihrem eigenen Verhältnis zur modernen Welt und insbesondere zur neuzeitlichen Freiheitsgeschichte und ihren geistigen Wurzeln zog. In der Nr. 3 dieser feierlichen Erklärung fordern die Konzilsväter die Anerkennung der Religions- und Gewissensfreiheit als erstes und fundamentalstes Menschenrecht, das unmittelbar der personalen Würde jedes einzelnen entspringt. Es macht die Würde des Menschen aus, daß er in seinem Denken und Handeln, im Gebrauch seiner Erkenntnisfähigkeit und Freiheit auf die schöpferische Wahrheit bezogen ist, in der Gott seine Welt vorausgedacht und in der er sich selbst in Schöpfung und Menschwerdung in sie hineingesprochen hat. Diese Wahrheit aber läßt sich nicht einfach dekretieren, sie muß vielmehr, wie das Konzil ausdrücklich anerkennt, auf eine Weise gesucht werden, die der Würde des Menschen entspricht. Es nennt dann nacheinander den Weg der freien Forschung, die Hilfe des Lehramtes oder der Unterweisung und schließlich den freien Gedankenaustausch und den Dialog der Menschen untereinander. Man hat wohl diese Stelle im Auge gehabt, wenn man später von einer »dialogischen Wahrheitsfindung« in der Kirche sprach, gegen deren Geist die monologische Ausübung des Lehramtes verstoße. Doch steht eine solche Interpretation den Vorstellungen vom offenen Diskurs einer idealen Kommunikationsgemeinschaft bisweilen näher als den Intentio-

nen des Konzils. Von einem unbegrenzt offenen Austrag innerkirchlicher Standpunkte, den das Lehramt nicht durch einen verbindlichen Entscheid beenden könnte, ist in seinen Texten nirgends die Rede. Das ist kein Versäumnis des Konzils, sondern eine sachgemäße Grenze, die jeder Gläubige und jeder katholische Theologe anerkennen kann. »Der Dialog darf die Kirche nicht in einen Debattierclub verwandeln«, schrieb *Karl Rahner* schon kurz nach dem Konzil.[2] Dennoch ist es ein empfindlicher Mangel der Konzilstexte, daß sie die Stellung des Lehramtes in dem geforderten innerkirchlichen Dialog nur von seinen Vollmachten, aber nicht von seinen korrespondierenden Aufgaben und Pflichten her beschreiben.
Von einer Verpflichtung des Lehramtes zum Dialog in der Kirche, besonders auch dazu, sich der verläßlichen Ergebnisse wissenschaftlicher Theologie zu vergewissern, spricht in einer sehr vorsichtigen, eher andeutenden Weise nur die Nr. 25 von »Lumen gentium«, wo es heißt, die Träger der Lehrvollmacht müßten sich zu ihrer Ausübung »geeigneter Mittel« (*media apta*) bedienen. Ist es wirklich eine überzogene Auslegung, darin die Aufforderung zum Dialog mit den Gläubigen und zur Achtung vor ihrer Glaubenserfahrung zu sehen? Gibt es nicht auch auf seiten der Bischöfe und des Papstes eine Pflicht zum respektvollen Umgang mit dem »bescheidenen« Dienst der Theologie an der Wahrheit des Glaubens? In seiner Ansprache vor Wissenschaftlern und Studenten im Kölner Dom vom 15. November 1980 hat sich Papst Johannes Paul II. diese Auslegung in einer wegweisenden Formulierung zu eigen gemacht: »Die Kirche wünscht eine selbständige theologische Forschung, die vom kirchlichen Lehramt unterschieden ist, sich ihm aber verpflichtet weiß, im gemeinsamen Dienst an der Glaubenswahrheit und am Volke Gottes.«[3] Er unterstrich den eigenständigen Auftrag theologischer Forschung in der Kirche noch durch den Hinweis, daß dabei Spannungen und Konflikte nicht ausbleiben werden, ohne daß immer schon die Wahrheit des Glaubens auf dem Spiel steht. Deutlicher als seine Vorgänger (und stärker auch als spätere römische Verlautbarungen) stellt der Papst heraus, daß der eigentliche Beziehungspunkt theologischer Arbeit in der Kirche nicht

allein die Delegation durch das Amt, sondern der gemeinsame Dienst an der Wahrheit und am Glauben des Volkes Gottes ist.
Immerhin hält die bereits erwähnte Instruktion der vatikanischen Glaubenskongregation, auch wenn sie hinsichtlich der disziplinären Konsequenzen wieder rigoros auf die Gültigkeit des alten Delegationsmodells pocht, im Grundsätzlichen an der *komplementären* Zuordnung von Lehramt und Theologie fest: »Wenn Theologie und Lehramt auch verschiedener Art sind und unterschiedliche Aufgaben haben, die man nicht verwechseln darf, so geht es dennoch um zwei in der Kirche lebenswichtige Aufgaben, die sich gegenseitig durchdringen und für den Dienst am Volk Gottes einander bereichern müssen« (Nr. 40). Kein vernünftiger katholischer Theologe wird dieses komplementäre Zuordnungsmodell im Sinne einer symmetrischen Parallelität ohne verbindlichen Einheitspunkt verstehen. Ebensowenig wird er für sich eine souveräne Kompetenz der Rollenzuweisung in der Kirche reklamieren und selbst den Status »eigentlicher« Lehre in Anspruch nehmen, der dem Lehramt nurmehr die Aufgabe disziplinärer Verwaltung oder dekorativer Repräsentation beläßt. Ein solcher Platzanweiser auf dem Feld der Kirche, der Spielregeln und Aufgabenzuteilung beliebig verändern könnte, ist aber auch das Lehramt nicht. Wenn die Theologie daher garantierte Freiräume des Dialogs und durchsichtige Verfahrensregeln für den Konfliktfall fordert, die der Rechtskultur unserer Tage entsprechen, so ist dies kein theologischer Übermut und erst recht kein selbstausgestellter Freibrief zum institutionalisierten Dissens in der Kirche. Es geht dabei lediglich um die rechtlichen Voraussetzungen, ohne deren Anerkennung die Theologie ihren Dienst an der gemeinsamen Wahrheit des Glaubens nicht so erfüllen kann, wie es dem Anspruch wissenschaftlicher Vernunft und der geforderten Kultur des Dialogs in unserer Gesellschaft entspricht.
Jede theologische Disziplin nimmt den wissenschaftlicher Erörterung offenstehenden Freiraum des Dialogs in der Kirche in eigener Weise in Anspruch. Die *exegetischen* und *kirchengeschichtlichen* Fächer finden ihren gemeinsamen formalen Bezugspunkt in der Anwendung der historisch-kritischen Methode auf ihre Quellen, die *systematischen* Disziplinen versuchen, die Wahrheit des

christlichen Glaubens und seines Lebensentwurfes im Gegenüber zur philosophischen Selbstauslegung der menschlichen Vernunft aufzuzeigen, die spezifische Fachkompetenz der *praktischen* Theologie schließlich erwächst aus einer intensiven Gesprächssituation mit den empirischen Humanwissenschaften, deren Analysen uns methodisch kontrollierten und interdisziplinär überprüfbaren Aufschluß über die Lebenswelt des heutigen Menschen geben. Aus der Brückenstellung der Moraltheologie im Fächerkanon der theologischen Disziplinen ergibt sich im Hinblick auf die umstrittenen Weisungen der kirchlichen Sexualethik dabei eine doppelte Aufgabe. Sie muß, bevor sie zu verbindlichen normativen Aussagen gelangen kann, zunächst die *gesellschaftlichen Bedingungen* analysieren, unter denen Sexualität und Liebe, Ehe und Familie auch von Christen faktisch gelebt werden. Je schneller der Wandel gesellschaftlicher Lebensmuster voranschreitet, desto weniger genügt das pure Festhalten an überlieferten Normen, um den ethischen Anspruch des Glaubens zum Ausdruck zu bringen. Dieser kann durch ein starres Normgefüge, das seine lebensweltliche Plausibilität verloren hat, sogar verdeckt werden, weil die Auseinandersetzung mit ortlos gewordenen Einzelnormen die Einsicht in ihre anthropologischen Sinngrundlagen blockiert. Wenn die negative Bewertung vorehelicher Sexualität pauschal auf alle ihre Erscheinungsformen übertragen wird und den innerkirchlichen Einstellungswandel vollkommen unberücksichtigt läßt, muß ein solches Verbot nahezu zwangsläufig mißverstanden werden. Es zieht ganz von selbst den Verdacht einer angeblichen Lustfeindlichkeit des Christentums auf sich und kann seine ursprünglichen humanen Intentionen nicht mehr deutlich machen.

Nach der Erhebung humanwissenschaftlicher Daten, die das Lebensfeld von Sexualität und Ehe in seinem gegenwärtigen Wandel analysieren, versucht der zweite Schritt der moraltheologischen Aufgabenstellung, den *anthropologischen Hintergrund* auszuleuchten, vor dem zentrale Aussagen wie das Bekenntnis zur Unwiderruflichkeit und Ausschließlichkeit der ehelichen Bindung oder die Bewertung der Homosexualität als einer defizitären Ausdrucksform menschlicher Geschlechtlichkeit erst ihren Sinn erhalten. Auch auf dieser mittleren Ebene einer ganzheitlichen anthropologischen Betrachtung, auf der die Moraltheologie das Menschenbild des christlichen Glaubens ins Spiel bringt, kann die vordergründige Fixierung auf obsolet gewordene Normen – sei es zustimmend oder ablehnend – eine produktive Auseinandersetzung mit ihrem Sinnhintergrund erschweren. Als Beispiel dafür kann gegenwärtig besonders die innerkirchliche Diskussion um die Homosexualität dienen, die meist entweder an der berechtigten Klage über die gesellschaftliche Diskriminierung gleichgeschlechtlicher Personen oder an der moralischen Bewertung ihrer einzelnen Akte verhaftet bleibt, ohne zu einer ganzheitlichen Sinndeutung menschlicher Sexualität auf dem Hintergrund des biblischen Menschenbildes vorzustoßen.

3. *Die sozialwissenschaftliche Analyse der modernen Lebenswelt*

Die Aufgabe, den eigenen Lebensentwurf frei zu wählen und in seinem Licht eine lange Lebenszeit zu planen, gehört für uns zu den selbstverständlichen Grundbedingungen individueller Selbstbestimmung. Sie stellt im historischen Vergleich jedoch ein Privileg der modernen Welt dar, das den Menschen vergangener Zeiten versagt war. Nicht nur die biologische Unsicherheit des Lebens und der ständig lauernde Tod verhinderten eine gezielte Lebensplanung. Für die allermeisten von ihnen, vor allem für die Angehörigen der Landbevölkerung und der städtischen Unterschichten, waren die ungehinderte Berufswahl, die eigene Entscheidung für den Ehepartner, ja selbst die freie Wahl des Ehestandes niemals eine reale Möglichkeit. Beruf, Aufenthaltsort und Lebensstand waren ihnen durch Geburt, gesellschaftliche Zuweisung und natürliches Schicksal diktiert.[4]

3.1 Gewachsene Freiheitschancen und Pluralisierung der Lebensformen

Sozialwissenschaftliche Analysen unserer Gesellschaft sehen die Lebenswelt des heutigen Menschen durch einen *Zuwachs an individuellen Freiheitschancen* und eine *Optionserweiterung* hinsichtlich aller Lebensfelder geprägt. Im Blick auf das Leben in Ehe, Partnerschaft und Familie sprechen sie von einer »Pluralisierung« der Lebensformen, die auch vor den tragenden menschlichen Beziehungen nicht haltmacht.[5] Für junge Menschen bedeutet dies, daß die Wahl einer konkreten Lebensform nicht mehr selbstverständlich ist. Sie müssen angesichts einer *Vielzahl konkurrierender Rollenmuster* in sie hineinwachsen. Christen, die ihr Leben nach der Weisung des Evangeliums gestalten wollen, sehen sich zu einer Entscheidung herausgefordert, die sie so früher nicht treffen mußten. Zu der vom Evangelium her vorgezeichneten Wahl zwischen der Berufung zur ehelichen Liebe und der Berufung zur Ehelosigkeit um des Reiches Gottes willen gibt es in unserer Gesellschaft nochmals *säkulare Alternativen:* die nichteheliche Lebensgemeinschaft und das Alleinleben im Single-Haushalt. Sie werden nicht nur in wachsendem Umfang faktisch gelebt und gesellschaftlich akzeptiert. Von ihnen geht darüber hinaus die Anziehungskraft eines zeitgemäßen und plausiblen Lebensmodells aus, das sich stromlinienförmig den gesellschaftlichen Entwicklungstrends angleicht. Gegenüber der Sogwirkung, die unterschiedliche Formen des nichtehelichen Zusammenlebens und des Alleinbleibens entfalten, gilt das Leben in Ehe und Familie vielen als traditionelles Rollenmuster des Geschlechterverhaltens. Es gehört wenig Phantasie zu der Prognose, daß Ehe und Familie in der Generation unserer Kinder ihre gesellschaftliche Selbstverständlichkeit noch weiter verlieren werden. Der Soziologe *Ulrich Beck* beschreibt den gesellschaftlichen Einstellungswandel gegenüber der herkömmlichen Lebensform der kinderbezogenen Einehe und die neuen Entscheidungszwänge, die sich aus der bunten Palette möglicher Lebensmuster für junge Menschen ergeben: »Noch in den sechziger Jahren besaßen Familie, Ehe und Beruf als Bündelung von Lebensplänen, Lebenslagen und Biographien weitgehend Verbindlichkeit. Inzwischen sind in allen Bezugspunkten Wahlmöglichkeiten und -zwänge aufgebrochen. Es ist nicht mehr klar, ob man heiratet, wann man heiratet, ob man zusammenlebt und nicht heiratet, heiratet und nicht zusammenlebt, ob man das Kind innerhalb oder außerhalb der Familie empfängt oder aufzieht, mit dem, mit dem man zusammenlebt, oder mit dem, den man liebt,

der aber mit einer anderen zusammenlebt, vor oder nach der Karriere oder mitten drin.«[6]
Für die christliche Ethik und die Verkündigung der Kirche bringt diese Entwicklung neben den unleugbaren Gefahren für das Wertebewußtsein und den solidarischen Zusammenhalt der Gesellschaft auch eine *Chance* mit sich. An sie zu erinnern ist vor allem dort notwendig, wo die gegenwärtige Entwicklung ausschließlich als Verfallsprozeß und moralischer Substanzverlust gewertet wird. Erstmals seitdem sich in unserem europäischen Kulturkreis unter dem Einfluß des Christentums die unauflösliche Einehe als verbindliche Form des Zusammenlebens der Geschlechter herauszubilden begann, hat das *christliche Leitbild der Ehe* die Chance, sich aus der Umklammerung durch die historischen Eheauffassungen wieder zu lösen, die es mitgeprägt hat.
Schon heute kann eine christliche Ehe nur als eine *bewußte Alternative zur bürgerlichen Eheauffassung* gelebt werden, die in der Ehe vor allem den vertraglich geregelten Ort von Sexualität, Besitz und Nachkommenschaft sieht. Diese Funktionen lassen sich unter den Bedingungen einer »aufgeklärten« Wohlstandsgesellschaft auch ohne die Institution eines rechtlich verbindlichen Eheabschlusses regeln. Deshalb kann sich die christliche Ehe nicht mehr als die Kopie eines traditionellen bürgerlichen Eheideals verstehen, mit dem sie sich in der Vergangenheit bis zur Unkenntlichkeit verschmolzen hat. Sie gewinnt vielmehr die Chance zurück, als ein *ursprünglicher und eigener Lebensentwurf des christlichen Glaubens* und als *bewußte Alternative zu anderen Lebensstilen* gelebt zu werden.
Diese Aufgabe führt uns auch innerhalb der Kirche noch auf einen langen Weg des gemeinsamen Umdenkens. Sie erfordert den Verzicht auf eine verdüsterte Sicht unserer modernen Lebenswelt, die in dieser nur Erosion und zerstörerische Kräfte am Werk sieht. Junge Menschen müssen das gesellschaftliche Umfeld, in dem sie leben, auch innerlich bejahen können, wenn sie darin ihren eigenen Weg finden wollen. Erwachsene Begleiter wie Eltern, Lehrer und Seelsorger können ihnen dabei mit ihrer Lebens- und Glaubenserfahrung zur Seite stehen, aber solche

Begleitung erreicht ihr Ziel nur, wenn sie von jungen Menschen als Angebot und Hilfe auf ihrem eigenen Weg empfunden wird.

3.2 Modelle und Motive nichtehelicher Lebensgemeinschaften

Die wachsende *Zurückhaltung gegenüber der Ehe* und eine steigende *Toleranz gegenüber nichtehelichen Formen* des Zusammenlebens wird durch neue statistische Erhebungen eindrucksvoll belegt. In den alten Ländern der BRD gab es im Jahr 1988 zwei bis drei Millionen Menschen, die in nichtehelichen Lebensgemeinschaften zusammenwohnen. Ihre Existenz wird Allensbach-Umfragen zufolge von über zwei Dritteln der Gesamtbevölkerung, darunter 52% der regelmäßigen Kirchgänger, gutgeheißen. Ein gleich hoher Prozentsatz, nämlich 70% der befragten Frauen und 66% der befragten Männer unter 30 Jahren, halten es für denkbar, selbst mit einem Partner oder einer Partnerin ohne Trauung zusammenzuleben, wenn sich die Gelegenheit hierzu ergibt.[7] Gleichzeitig deuten jedoch andere Zahlen auf ein noch immer ungebrochenes *Interesse an Ehe und Familie* hin. Sie dokumentieren, daß das Leitbild der monogamen Ehe und der kinderbezogenen Familie auch dort noch wirksam bleibt, wo es als verbindliche ethische und rechtliche Norm abgelehnt oder noch nicht anerkannt wird. Im Sinne einer wechselseitigen Treueerwartung spielt es eine große Rolle; 75% aller Jugendlichen halten die sexuelle Treue zu ihrem Partner für unverzichtbar und plädieren für Beständigkeit und Ausschließlichkeit ihrer Beziehung. Die Abkehr von der Ideologie der sexuellen Freizügigkeit markiert einen entscheidenden Wandel in der Einstellung junger Menschen gegenüber Sexualität, Liebe und Partnerschaft.
Die Widersprüchlichkeiten solcher Erhebungen klären sich weitgehend auf, wenn wir auf die *unterschiedlichen Zielsetzungen und Motive* achten, die Menschen in nichtehelichen Lebensformen bewegen. Lassen wir die große Zahl der aus prinzipiellen Gründen Alleinlebenden und die alleinlebenden Geschiedenen beiseite, so ergibt sich für die nichtehelichen Lebensgemeinschaften ungefähr folgendes Bild. Es fußt vor allem auf den Forschungsergebnissen, die vor einigen Jahren von der jetzigen Bundestagspräsidentin *Rita*

Süßmuth, von dem Präsidenten des Stuttgarter Statistischen Landesamtes *Max Wingen* und von dem Bielefelder Soziologen *Franz-Xaver Kaufmann* in einer Studie über die »Zukunft der Familie« aus dem Jahr 1990 vorgelegt wurden.[8]

3.21 Auswertung empirischer Daten

Nur eine kleine Gruppe von Frauen und Männern begründet ihr nichteheliches, aber gleichwohl auf relative Dauer angelegtes Zusammenwohnen mit einer *grundsätzlichen Ablehnung der Ehe.* Es handelt sich dabei meist um über 30jährige Paare, die sich häufig auch bewußt für ein Kind außerhalb der Ehe entscheiden. Von den unter 30jährigen versteht die größte Gruppe, nämlich 39% der Befragten, ihre nichteheliche Beziehung als eine *Probezeit der Prüfung und Klärung,* wobei sie jedoch noch unsicher ist, ob sie mit dem gegenwärtigen Partner eine spätere Ehe schließen kann. Bei einer fast genauso starken Gruppe (33%) verbindet sich das nichteheliche Zusammenleben dagegen mit einem *festen Heiratswunsch* gegenüber dem konkreten Partner. Diese erklärte Absicht wird jedoch aus beruflichen Gründen, oder weil man jetzt noch keinen zwingenden Anlaß dazu sieht, auf einen späteren Zeitpunkt verschoben. Meist ist es dann die Ankunft eines gemeinsamen Kindes, die zur Heirat führt. Eine vierte Gruppe schließt die Ehe nicht grundsätzlich aus, hat aber *noch nicht den Partner gefunden,* mit dem sie dauerhaft zusammenleben will. Solche Verbindungen sind zunächst relativ instabil angelegt und lösen sich häufig nach kurzer Zeit wieder auf, je nachdem, wie die Beziehung in ihrer menschlichen Qualität erfahren wird. Überblickt man diese Typologie nichtehelicher Lebensformen, so lassen sich noch keine endgültigen Erkenntnisse gewinnen, da die gegenwärtige Umbruchszeit noch immer andauert und damit zu rechnen ist, daß sich weitere fließende Übergangsformen entwickeln. Doch zeigt sich schon jetzt als fester Trend, daß nichteheliche Lebensgemeinschaften in den meisten Fällen nicht als Daueralternative zur Ehe, sondern als ein Durchgangsstadium gedacht sind, das entweder mit der Zeit zur Ehe führt oder aber wieder aufgelöst wird.

3.22 Ethische Beurteilung

Eine *ethische Bewertung* nichtehelicher Partnerbeziehungen wird die unterschiedliche Stellung, die diese in den Lebensplänen junger Menschen spielen, berücksichtigen. Vor allem muß ein ethisches Urteil, das ihrer ambivalenten Selbsterfahrung gerecht werden soll, auf pauschale Verurteilungen verzichten. »Die Jugendlichen streben in der Mehrzahl – selbst wenn sie die Leitbilder von Ehe und Familie für sich bezweifeln – kein *bindungsloses Leben* an. Auch heute steht das Ideal stabiler Partnerschaft im Vordergrund, erscheint praktizierte Treue oft selbstverständlich – nur eben ohne die offiziellen Legitimationen und Zwänge von staatlichem Recht und kirchlicher Moral.«[9] Das apostolische Schreiben *»Familiaris consortio«* (1981) besteht dagegen darauf, daß eine christliche Ethik nichteheliche Lebensgemeinschaften nicht gutheißen kann, ganz gleich ob es sich um »Ehen auf Probe« oder »freie Verbindungen ohne jegliches öffentlich anerkannte institutionelle Band« handelt (vgl. Nr. 80 und 81). Das bedeutet jedoch keineswegs, daß eine christliche Ethik alle Formen nichtehelicher Partnerschaften *unterschiedslos* moralisch disqualifizieren muß. Auch wenn sich auf dem Boden des Evangeliums und eines auf dem Gedanken der Menschenwürde gegründeten Menschenbildes weder die »Ehe auf Probe« noch die freie Lebensgemeinschaft vorbehaltlos akzeptieren lassen, so gibt es zwischen den verschiedenen Spielarten nichtehelicher Lebensformen doch *Unterschiede,* die auch in *moralischer Hinsicht* bedeutsam sind.

In der Anerkennung einer gegenseitigen Treueforderung für die Dauer des Zusammenlebens und in der Einbindung des sexuellen Verhaltens in die Dynamik einer personalen Beziehung manifestiert sich nicht *prinzipielle Bindungsunwilligkeit,* sondern die *Suche nach Bindungsfähigkeit* und die Sehnsucht nach dem »Wagnis der Treue« (*Marina Gambaroff*), das einzugehen junge Menschen zugleich schreckt und anzieht. Sie zweifeln daran, daß eheliche Treue durch die Höhen und Tiefen eines langen gemeinsamen Lebens hindurchtragen kann, und sie erleben immer seltener das Leitbild gelungener Ehen, das ihnen erfahrbar vor Augen führt, wie die Fähigkeit zur Treue durch eine vorgegebene Institution wie die Ehe und ein endgültiges Versprechen gegenüber dem

Partner gestärkt wird. Damit die christliche Ethik und die kirchliche Verkündigung ihr unaufgebbares Leitbild der ehelichen Liebe aussichtsreicher zur Sprache bringen können, müssen sie die gewandelte Lebenssituation und die Erfahrungswelt junger Menschen zur Kenntnis nehmen. Dazu gehört vor allem die Aufgabe, sich in das *Schwanken junger Menschen* zwischen *Bindungsbedürfnis* und *Bindungsangst* hineinzudenken und ihre spannungsvolle Selbsterfahrung ernstzunehmen. Erst wenn sie außer ethischer Disqualifizierung ein solches mitgehendes Erfahrungswissen anzubieten hat, gewinnt die Kirche in den Augen junger Menschen das Recht, auf das hinzuweisen, was die meisten von ihnen auch selbst spüren: daß die verschiedenen Formen nichtehelicher Partnerbeziehungen noch nicht das sind, was sie eigentlich suchen.

Nichteheliche Partnerschaften halten das Versprechen nicht, das sie mit sich führen, weil sie in ihrer Vorläufigkeit und Ängstlichkeit die endgültige Annahme nicht geben können, auf die menschliches Leben angelegt ist. Ein solches Urteil ist nicht nur durch den Vergleich mit der kirchlichen Eheauffassung gewonnen; es stützt sich auch auf empirisch belegbare Erfahrungen. Nach einem Zeitraum von über zwanzig Jahren lassen sich die Vorformen auf Zeit und die Daueralternativen zur Ehe an den Erwartungen überprüfen, mit denen sie damals propagiert wurden. *Rita Süßmuth* kommt in ihrer Studie über die Wandlungen im Bindungsverhalten zu dem Ergebnis, daß sich die Erwartungen, die sich an die »allmähliche Auflösung der Ehe durch die Liebe« (*Herrad Schenk*) knüpften, nicht erfüllt haben. Nichteheliche Lebensformen haben »trotz des hohen Anspruchs an die Qualität ihrer Beziehungen bisher nicht erweisen können, daß nichtinstitutionalisierte Beziehungen tragfähiger sind als Ehen« und »daß Liebesfähigkeit und personale Treue durch Ehe behindert und durch die freie Liebesgemeinschaft erhöht werden«.[10]

Auch die Hoffnung, daß ein vorheriges Kennenlernen der Partner in der gemeinsamen Wohnsituation die spätere Stabilität der Paarbeziehung erhöht, hat sich als trügerisch erwiesen. Wie statistische Erhebungen aus Schweden zeigen, aus einem Land also, in dem nichteheliches Zusammenleben schon lange und in großem

Umfang praktiziert wird, betrifft die extrem hohe Scheidungsziffer dieses Landes auch die Ehen, die aus vorehelichen Lebensgemeinschaften hervorgegangen sind. Das Scheitern vieler Beziehungen verweist darauf, daß sich das Zusammenleben unter der Voraussetzung einer endgültigen Bindung nicht im psychologischen Simulator vorwegnehmen läßt. Die Zeit der gegenseitigen Erprobung steht noch unter der Voraussetzung beiderseitiger Kündbarkeit; diese Unsicherheit bringt in vielen Fällen einen emotionalen Dauerstreß mit sich, der keine verläßliche Auskunft über die eigene Bindungsfähigkeit und das gemeinsame Leben unter Normalbedingungen geben kann. Gemessen an ihren eigenen Hoffnungen, sind nichteheliche Lebensgemeinschaften den Beweis bisher schuldig geblieben, der sie als tragfähige Vorstufen oder Alternativen zur Ehe empfehlen könnte.

4. Das Leitbild des christlichen Glaubens: Ehe und Familie als Lebensform partnerschaftlicher Liebe

Die Erkenntnis, daß nichteheliche Lebensgemeinschaften die Fähigkeit zu Liebe und Treue nicht stärken, verleiht jedoch dem herkömmlichen Leitbild von Ehe und Familie noch keine neue Anziehungskraft. Was die Fähigkeit zu wirklicher Rücksichtnahme und zu einem einfühlsamen, kultivierten Miteinander von Mann und Frau angeht, so gelten viele der kritischen Vorbehalte gegen die nichtehelichen Lebensgemeinschaften in den Augen junger Menschen auch gegenüber der Ehe. Dennoch ist die Ausbildung der partnerschaftlichen Eheauffassung eine der wichtigsten kulturellen Leistungen der Menschheit, hinter der eine lange Erfahrungsgeschichte steht. Sowohl der Anspruch ehelicher Treue als auch die Exklusivität der personalen Liebesbeziehung, die das christliche Eheverständnis von Anfang an als wechselseitige Forderung an Mann und Frau verstand, stellen eine Einsichtsschwelle dar, hinter die ein menschlicher Umgang der Geschlechter miteinander nicht mehr zurückfallen darf.[11] Weil die Eheform der Monogamie, in der sich Mann und Frau gegenseitig als Person achten, der Ausdruck eines Ethos der Menschenwürde ist, unterliegt sie dem besonderen Schutz unserer demokratischen Verfassung.

4.1 Ein Anspruch, der Befürchtungen weckt

Es ist ein hoher Anspruch, den das unter dem Einfluß des Christentums entstandene Ehemodell als Forderung unverkürzter Menschlichkeit bis in den verletzlichen Bereich sexueller Intimität hinein schützen möchte. Er steht quer zu dem Lebensgefühl einer pluralistischen Gesellschaft, für das Freiheit und Selbstbestimmung nicht durch die Einmaligkeit eines verpflichtenden Anspruchs, sondern durch die Vielfalt offenstehender Optionen garantiert sind. Das Ideal der monogamen Ehe gerät deshalb in den Verdacht, die individuellen Freiheitschancen wieder einzuschränken, die dem einzelnen durch die bunte Palette gesellschaftlich akzeptierter Lebensstile in den vergangenen Jahrzehnten zugewachsen sind. Insbesondere scheint die feste eheliche Dauerbindung dem emanzipatorischen Interesse der Frauen entgegenzustehen, die nach ihrer gewonnenen ökonomischen Selbständigkeit vorgegebene Abhängigkeiten auch in anderen Lebensfeldern zu vermeiden suchen. Daneben gibt es freilich noch immer viele Frauen, die durch das Zerbrechen partnerschaftlicher Beziehungen in wirtschaftliche Notlagen geraten.

Zu solchen Befürchtungen hat die Vorherrschaft eines *patriarchalischen Ehe- und Familienideals* mit beigetragen, das die christlichen Kirchen lange Zeit durch ihr moralisches Ansehen gestützt haben. Daß die Erinnerung an das autoritäre Eheleitbild von damals noch immer Ängste und Befürchtungen weckt, kann kaum überraschen. Solche Befürchtungen wirken aus der Sicht der Betroffenen unterschwellig lange nach; sie erledigen sich auch mit dem Wechsel zu einem partnerschaftlichen Eheideal, den die Kirche auf dem Konzil vollzogen hat, nicht einfach von selbst. Es liegt deshalb noch eine lange Wegstrecke vor der Aufgabe kirchlicher Verkündigung, bis sie auf dem Feld der Ehe- und Sexualmoral die Glaubwürdigkeit zurückgewonnen hat, die ihr heute bei sozialethischen Themen wie der Suche nach Frieden und Gerechtigkeit weithin zugestanden wird.

Die Barrieren und Vorbehalte ernstnehmen, die sich auch auf die gewandelte kirchliche Ehelehre richten, heißt jedoch nicht, sich mit ihnen abzufinden. Die gewachsenen Scheinplausibilitäten und das emanzipatorische Pathos unseres gegenwärtigen gesellschaftlichen Bewußtseins erweisen sich nämlich in zunehmendem Maß ihrerseits als ideologieanfällig und bedürfen daher der kritischen Infragestellung von außen. Dieser Aufgabe darf sich eine christliche Ethik auch dann nicht entziehen, wenn sie eine von allen akzeptierte und als glaubwürdig empfundene Sprache noch nicht gefunden hat. Notwendige Einreden gegen die vorherrschenden Trends eines allgemeinen Lebensgefühls gelingen jedoch nur dann, wenn sie auf gemeinsame Erfahrungen Bezug nehmen und in ihren moralischen Qualifikationen behutsam bleiben. Auch gegenüber vorläufigen und zunächst nur probeweise übernommenen Bindungsformen darf deshalb Verurteilung nicht das erste und einzige Wort der Kirche sein. Sie muß vielmehr versuchen, ihr Leitbild partnerschaftlicher Liebe und Treue im Gespräch mit jungen Menschen so zur Sprache zu bringen, daß diese seine Bedeutung für das Gelingen ihres eigenen Lebens verstehen können.

4.2 Der anthropologische Hintergrund: Zweigeschlechtlichkeit und Ganzheitlichkeit des menschlichen Lebens

Die Fixierung auf die verbotsorientierten Einzelaussagen der kirchlichen Sexualmoral verdunkelt häufig den anthropologischen Sinnhintergrund, auf dem sie erst verständlich werden. Verbindliche ethische Weisungen der Kirche, die nur in der formalen Autorität des Lehramtes gründen, werden von den Gläubigen nicht mehr als hilfreiche Orientierung für das partnerschaftliche Leben in Ehe und Familie empfunden. Kirchliche Aussagen zur Gestaltung der eigenen Sexualität stoßen nur dann auf Anerkennung, wenn sie den Zusammenhang aufzeigen, in dem sie mit der sittlichen Botschaft des Evangeliums und dem Menschenbild der Bibel stehen.

Zu den verpflichtenden anthropologischen Grundaussagen der Heiligen Schrift, die von einer konkreten Sexualethik zu entfalten sind, gehören vor allem die Deutung der Zweigeschlechtlichkeit und Ganzheit des menschlichen Lebens. Der priesterschriftliche

Schöpfungsbericht verbindet die *polare Zuordnung der Geschlechter* unmittelbar mit der *Gottebenbildlichkeit* des Menschen. »Gott schuf also den Menschen nach seinem Abbild; als Abbild Gottes schuf er ihn. Als Mann und Frau schuf er sie« (Gen 1,27). Die Auszeichnung des Menschen gegenüber den anderen Geschöpfen liegt also nicht in erster Linie in ihrer Vernunftbegabung oder in ihrer anatomischen Sonderstellung gegenüber dem Tierreich (aufrechter Gang, erweiterter Sehraum), sondern in ihrer Fähigkeit, freier Partner und Mitarbeiter an Gottes Schöpfung zu werden. Die tragende Relationalität des menschlichen Daseins, die in *vertikaler* Linie in der Aussage der Gottebenbildlichkeit des Menschen kulminiert, zeigt sich auf der *horizontalen* Linie in der grundlegenden Bedeutung der Zweigeschlechtlichkeit für das Gelingen menschlichen Lebens. Wir können den Reichtum des innergöttlichen Lebens auf der Ebene unseres geschöpflichen Daseins nicht allein als Mann oder Frau, sondern nur in einem polaren Zueinander der Geschlechter darstellen und nachbilden. »Daraus folgt, daß es nach (biblischer) Auffassung ein Wesen des Menschen, eine Bestimmung des Menschen abgesehen von seiner Existenz in zwei Geschlechtern nicht geben kann. Der Mensch ist hier als ein Gemeinschaftswesen, als ein zu zweit Existierender gesehen, und so etwas wie Menschlichkeit kann es dann auch nur bezogen auf den zu zweit existierenden Menschen geben.«[12] Auf die enge Zusammengehörigkeit von Mann und Frau zielt auch die Aussage des jahwistischen Schöpfungsberichtes, wonach die Frau aus der Rippe des Mannes geschaffen ist (vgl. Gen 2,22–23). Die alte biblische Metapher will nicht eine patriarchalische Unterordnung der Frau unter den Mann legitimieren, wie es die feministische Auslegung dieser Stelle argwöhnt[13], sondern die Angewiesenheit und gegenseitige Nähe von Mann und Frau zum Ausdruck bringen. »Dann sprach Gott, der Herr: Es ist nicht gut, daß der Mensch allein bleibt. Ich will ihm eine Hilfe machen, die ihm entspricht« (Gen 2,18). Jedenfalls hat die rabbinische Auslegung den Sinn dieser Stelle so verstanden, indem sie auf die positive Bedeutung dieses archaischen Bildes hinweist. In einem alten Midrasch heißt es ausdrücklich: Gott hat die Frau nicht aus dem Kopf des Mannes geschaffen, damit sie über ihn herrsche, nicht

aus seinen Füßen, damit sie ihm diene, sondern aus seiner Seite, damit sie seinem Herzen nahe ist.
Neben der Zweigeschlechtlichkeit betont das biblische Menschenbild vor allem die *leib-seelische Einheit* des menschlichen Lebens. Im Unterschied zu dem griechischen Dualismus bezeichnen die anthropologischen Grundbegriffe der biblischen Sprache nicht einzelne Schichten im Menschen, sondern jeweils das Ganze der menschlichen Existenz unter einer besonderen Rücksicht. So meint »Fleisch« (*basar, soma*) den ganzen Menschen in seiner Geschöpflichkeit und Hinfälligkeit. Ebenso ist mit seiner Kennzeichnung als »Geist« (*ruah, pneuma*) nicht nur seine intellektuelle Fähigkeit, sondern sein ganzes Leben angesprochen, insofern er sich in seinem Denken, Fühlen und Handeln vom Geist Gottes bewegen läßt.[14] Das Zweite Vatikanische Konzil hat sich diese biblische Sichtweise zueigen gemacht und betont, daß wir die besondere Achtung vor der Personwürde des Menschen auch unserem leiblichen Dasein entgegenbringen müssen. »In Leib und Seele einer (*corpore et anima unus*), vereint der Mensch durch seine Leiblichkeit die Elemente der stofflichen Welt in sich: Durch ihn erreichen diese die Höhe ihrer Bestimmung und erheben ihre Stimme zum freien Lob ihres Schöpfers. Das leibliche Leben darf also der Mensch nicht gering achten; er muß im Gegenteil seinen Leib als von Gott geschaffen und zur Auferweckung am Jüngsten Tage bestimmt für gut und der Ehre würdig halten« (Gaudium et spes, Nr. 14).
Das gängige Etikett der Leibfeindlichkeit, das einzelnen geschichtlichen Stationen der gesellschaftlichen und kirchlichen Sexualmoral zu Recht anhaftet, verzeichnet ihre biblischen Grundlagen bis zur Unkenntlichkeit. Wenn man der biblischen Anthropologie und der auf ihrem Boden erwachsenen kirchlichen Sexualethik eine Störung der Balance von Körper und Geist vorhalten will, dann trifft sie heute der Verdacht einer personalistisch überhöhten Wertschätzung des Leibes jedenfalls eher als der umgekehrte Vorwurf einer prinzipiellen Geringschätzung der leiblichen Dimension menschlicher Existenz. Von einem anthropologischen Leitbild, das im Leib das intersubjektive Sichtbarwerden der Person achtet, geht in der kulturellen Signatur der Gegenwart zugleich die

kritische Infragestellung einer reduzierten Körpererfahrung aus. Eine biblisch orientierte Sexualethik, die sich aus den wirkungsgeschichtlichen Zwängen ihrer eigenen Fehldeutungen befreit, fordert nicht nur die angstfreie Bejahung menschlicher Leiblichkeit, zu der auch die Annahme der sexuellen Dynamik des Lebens gehört. Im Anspruch einer ganzheitlichen Existenz des Menschen, die der besonderen Würde seines Leibes gerecht wird, artikuliert sich auch der Protest gegen die heimliche Verachtung unserer Leiblichkeit, die sich hinter dem vordergründigen Körperkult einer sexualisierten Werbesprache oder eines überzüchteten sportlichen Leistungszwanges verbirgt. Der kulturellen Eindimensionalität dieser ritualisierten Darbietung des menschlichen Körpers hält die christliche Ethik ein Kontrastbild entgegen, das die Würde der Person auch darin achtet, wie sie in ihrer Leiblichkeit zu Tage tritt.

4.3 Die theologische Grundidee: Der dreifache Lebenskreis partnerschaftlicher Liebe

Damit ein solches Kontrastbild als eine befreiende und ermutigende Infragestellung partnerschaftlicher Lebensmuster erfahren werden kann, die ohne den Anspruch letzter Verbindlichkeit auszukommen versuchen, bedarf es jedoch eines weitreichenden *Perspektivenwechsels* der kirchlichen Moralverkündigung. An die Stelle einer »Sündenmoral«, die das Leben überall mit Schranken und Verboten umstellt, muß eine ermutigende und helfende Orientierung treten, die ein positives Leitbild anbietet und zur Identifikation herausfordert. Nur so läßt sich eine überlebte Defensivhaltung, die junge Menschen vorsorglich darüber aufklärt, was sie alles nicht dürfen, von einer Atmosphäre des Vertrauens und der Gelassenheit ablösen. In ihr allein können junge Menschen auf dem Weg zu einer reifen Partnerschaft erfahren, daß die Botschaft des Evangeliums dem, der sich auf sie einläßt, beides schenkt: den Geschmack an der Freiheit und das Glück, unter einem hohen Anspruch zu stehen.

4.31 Sexualität als elementare Sprache der Liebe

Der erste und elementarste Lebenskreis partnerschaftlicher Liebe ist die Sprache des Eros und die Kunst der Zärtlichkeit in ihrer ganzen Ausdruckspalette bis hin zur sexuellen Intimität. Daß Sexualität die elementare Sprache der Liebe ist und wie alle menschliche Kommunikation dem Ethos der Wahrhaftigkeit untersteht, ist eine keineswegs selbstverständliche Voraussetzung der christlichen Auffassung von der Würde des Menschen. Die Theoretiker der »sexuellen Revolution« sahen in der Bindung der Sexualität an die Liebe eine unzulässige Einschränkung, die nur die ungezwungene Spontaneität und den spielerischen Eigengehalt des sexuellen Lebens verdirbt. Sexualität soll Spaß machen, so lautete ihr Programm, wer mehr von ihr erwartet, verdirbt sie nur. Demgegenüber entdecken junge Menschen heute wieder stärker, daß Zärtlichkeit und Sexualität auf Dauer nur Spaß machen, wenn sie auch eine Botschaft an den Partner oder die Partnerin enthalten, auf die sich beide verlassen können.

Ein Kuß, eine intime Umarmung oder das Kennenlernen des eigenen und des fremden Körpers sind nur dann aufregend und schön, wenn das Versprechen ernstgemeint ist, das aus diesen Gesten spricht: Ich liebe dich, du darfst bei mir sein, wir wollen miteinander in die Zukunft gehen. Wenn Sexualität nach dem *Modell von Sprache* und auf Selbstmitteilung und Wahrheit zielender Kommunikation, also nicht in *Analogie zu Hunger und Durst* zu verstehen ist, dann bewahrt sie ihre menschliche Gestalt nur als der leibliche Ausdruck personaler Liebe. Sexualität steht unter dem Gebot der Wahrhaftigkeit, weil sie die intensivste Form menschlicher Kommunikation ist, in der Mann und Frau mit ihrem ganzen Körper zueinander sprechen. Die Ideologie der Freizügigkeit, die das Bedürfnis nach Treue als Ausdruck eines falschen Bewußtseins denunziert, vermittelt dagegen eine oberflächliche Illusion der Freiheit und der Problemlosigkeit, die im Widerspruch zu den tieferen Gefühlen der Partner steht.[15] Sie ist deshalb von den meisten nichtehelichen Partnerbeziehungen längst aufgegeben, die eine relative, auf die Zeit ihres Zusammenlebens beschränkte Treueforderung durchaus akzeptieren.

Anders steht es mit der Norm, wonach die Aufnahme sexueller

Intimität an die vorbehaltlose Bejahung des Partners gebunden und auf ein endgültiges eheliches Treueversprechen bezogen ist. Sie stößt heute selbst unter kirchlich engagierten Jugendlichen auf Zweifel und Unverständnis. Die Bindung der vollen geschlechtlichen Gemeinschaft an ein verläßliches Ja der Partner zueinander macht aber erst wirklich ernst mit dem Anspruch, daß erotische Zuwendung und sexuelle Begegnung nur solange wahrhaftig bleiben, als sie der realen Beziehung zwischen den Partnern entsprechen. Dazu gehören nicht nur die bereits zurückliegenden Phasen des Kennenlernens und Zusammenwachsens, sondern auch die noch vor ihnen liegende Wegstrecke eines langen gemeinsamen Lebens. Es dient deshalb dem Wachstum und der Entfaltung der Liebe, wenn sich auch die erotische Kultur der partnerschaftlichen Zuneigung noch Ausdrucksmöglichkeiten aufbewahrt, damit ihr Erlebnisrhythmus nicht vorschnell verflacht.

Die Entdramatisierung der Sexualität hat ja nicht nur die Befreiung von Schuldgefühlen und Angst gebracht. Sie führt auch die Gefahr eines Verlustes mit sich, den der französische Kulturphilosoph *Paul Ricoeur* als den Preis bezeichnet, den wir für die Überwindung der sexuellen Tabus zu zahlen haben: »Alles, was die geschlechtliche Begegnung leicht macht, fördert zugleich ihren Absturz in die Belanglosigkeit.«[16] Dieses Urteil klingt hart, zumal niemand im Ernst das verkrampfte Verhältnis zurückwünschen kann, an dessen Stelle junge Menschen heute einen unbekümmerten Umgang mit ihrer Sexualität leben. Sie erfahren dabei aber zugleich, daß zu einem natürlichen Verhältnis zur eigenen Sexualität auch die Scheu vor ihrem Geheimnis und die Ehrfurcht vor dem anderen Menschen gehören. Wenn die sexuelle Begegnung nicht mehr zum Staunen über das Leben und zur Achtung der Partner voreinander führt, verfällt sie auf Dauer der Banalisierung und Langeweile, die jedes menschliche Erlebnis in Überdruß verwandeln kann.

4.32 Ehe als verbindliche Form der Liebe

Der Gedanke, daß die *sexuelle Ausdruckssprache* ihre humane Bedeutung darin findet, daß sie zum *aufrichtigen Selbstausdruck der Liebenden* wird, führt von selbst zu einem zweiten Lebenskreis

der Liebe. Wenn zwei Menschen einander in ihrem einmaligen Personsein annehmen wollen, dann drängt ihre Liebe nach einer *dauerhaften Gestalt*, in der ihr Wille zur Vorbehaltlosigkeit und Endgültigkeit einen verbindlichen Ausdruck findet. Der Wunsch nach Dauer und Verläßlichkeit kann die Zukunft der Liebe nicht garantieren, aber er gibt dem gemeinsamen Leben eine verläßliche Zukunftsperspektive im Wechsel der äußeren Rahmenbedingungen, den der Lauf der Zeit mit sich bringt. Die Diözesansynode Rottenburg–Stuttgart beschreibt den Weg, der in der partnerschaftlichen Liebe selbst angelegt ist: »Liebe in Freiheit und ohne Angst ist nur möglich, wo man sich ohne menschliche und zeitliche Vorbehalte aufeinander einläßt. Dafür muß man sich ein Leben lang Zeit lassen können, denn gerade die Freiheit der Annahme verlangt die Offenheit gemeinsamer Zukunft in der gewählten Lebensform« (Beschlüsse der Diözesansynode Rottenburg–Stuttgart, Teil V, Nr. 14).
Die Aussage, wonach die Liebe sich um ihrer eigenen Zukunft willen eine feste Lebensform sucht, läßt sich durch eine *anthropologische Überlegung* erhärten. Der Mensch ist nicht nur in einem allgemeinen Sinn das Wesen der Sprachfähigkeit. Er unterscheidet sich vom Tier nicht nur dadurch, daß er sprechen kann. Er ist auch derjenige, der seinesgleichen ein *Versprechen* geben und darin nach seiner Zukunft ausgreifen kann. Er kann aufgrund seiner Freiheit und Selbstbestimmung über sich verfügen und sich einem anderen Menschen ganz versprechen: »Ich verspreche dir die Treue in guten und in bösen Tagen, in Gesundheit und Krankheit.« Viele Menschen schrecken heute vor einem solchen Versprechen zurück, weil sie fürchten, daß es sie selbst und den Partner oder die Partnerin überfordert. Theoretiker der freien Liebe untermauern diesen Vorbehalt durch die These, daß man sich Liebe immer nur für die Gegenwart und nicht für die Zukunft versprechen kann. Eine solche Behauptung verfehlt aber sowohl das Wesen der Liebe als auch den Sinn eines Versprechens. Der Psychologe *Erich Fromm* weist in seinem Buch »Die Kunst des Liebens« auf ein folgenreiches Mißverständnis der erotischen Liebe hin. »Man weigert sich, in der erotischen Liebe einen wichtigen Faktor zu erkennen, nämlich den des Willens. Einen anderen

zu lieben, ist nicht nur ein starkes Gefühl – es ist eine Entscheidung, ein Urteil, ein Versprechen. Wäre die Liebe nur ein Gefühl, gäbe es keine Basis für das Versprechen, einander für immer zu lieben.«[17] Ein Gefühl bleibt an den jeweiligen Augenblick gebunden, es kann vergehen wie es gekommen ist. Weil aber die Liebe zugleich Fürsorge und Verantwortung, Urteil und Entscheidung ist, hat sie die Kraft, den jeweiligen Augenblick in eine gemeinsame Zukunft hinein zu übersteigen.

Die Meinung, zwei Menschen könnten sich Liebe nur für die Gegenwart versprechen, wird aber auch dem nicht gerecht, was ein Versprechen eigentlich meint. Es unterscheidet sich von einer bloßen *Ankündigung,* die sich auf ein Geschehen in der nahen Zukunft richtet, ebenso wie von der *Mitteilung,* in der ich dem anderen nichts anderes sage, als was ich jetzt zu tun gedenke. Ein Versprechen zeichnet sich dagegen gerade durch einen *Zukunftsbezug* und die *Dimension des Vertrauens* aus. Der Mensch kann in ein Versprechen nicht nur die Gegenwart, sondern auch die noch ausstehende Zukunft hineinlegen und so seine Lebensgeschichte zusammenfassen. »Ich will dich lieben, achten und ehren, solange ich lebe.« In diesem gegenseitigen Versprechen verbindet sich die Liebe zweier Menschen zu der festen Gewißheit, daß alles zu einem guten Ende kommen wird, weil sie beide diese gute Zukunft vorbehaltlos wollen. Diese Erwartung ist freilich nur dann begründet, wenn sie auch wirklich von beiden geteilt wird. Es gehört zu den größten Enttäuschungen, die Menschen in ihrer Ehe erleben müssen, wenn sie immer deutlicher spüren, daß ihr Partner die gemeinsame Zukunft niemals mit der gleichen Ernsthaftigkeit gewollt hat, mit der sie selbst diese noch immer wollen.

Die *Vorbehaltlosigkeit des eigenen Wollens* ist der entscheidende Unterschied zu der im Zweifelsfall belanglosen Zusage, sich immer zu bemühen, aus der gegenseitigen Beziehung das Beste zu machen. Beidesmal richtet sich der Blick auf die Zukunft, von der im Augenblick des Versprechens niemand sagen kann, was sie bringen wird. Aber ein Versprechen ist ja ebenso wie die Hoffnung keine neutrale Prognose über das Kommende. Durch ein Versprechen bekunden Menschen einander vielmehr ihren unbedingten Willen, das Kommende selbst in die Hand zu nehmen und so zu gestalten, wie sie es in ihrem Versprechen bereits vorweggenommen haben. Zwei Menschen, die einander das Versprechen unbedingter Treue geben, weigern sich, ihr von außen betrachtet möglich bleibendes Scheitern unter den Bedingungen mitaufzuführen, unter denen sie sich ihr Versprechen geben. Sie rechnen nicht von vornherein mit ihrer eigenen Unzulänglichkeit oder ihren Zweifeln an der Treue des Partners, sondern sie bauen darauf, daß ihr gemeinsamer Wille zur Treue stärker sein wird als die Summe ihrer beiden Unzulänglichkeiten. Das irreversible Fortschreiten der Zeit gefährdet jeden Lebensentwurf und setzt ihn unvorhersehbaren Bedrohungen und Wandlungen aus. Damit darf man und muß man sogar rechnen, weil sonst das Ideal der Treue zu einer lebensleeren und spannungslosen Illusion verkommt. Aber der vorbehaltlose Wille, alles Kommende gemeinsam entgegenzunehmen und miteinander alt zu werden, nimmt der Zukunft zweier Menschen, die sich dieses versprochen haben, ihre unbestimmte Offenheit. Dieses Versprechen wird auch später nicht nur als ein vergangenes Wort zurückliegen; es begleitet sie und eröffnet ihnen einen Zukunftshorizont, in den sie gemeinsam hineinwachsen können.

Für Christen bekommt das Ja der Treue erst dadurch sein volles Gewicht, daß sie es sich im Angesicht Gottes versprechen. Ihre Liebe wird so zum *Sakrament*, das ihrer gemeinsamen Lebensgeschichte ein für allemal einen bleibenden Anfang gibt. Hinter diesem Anfang steht die Zusage Gottes, der uns Menschen seine Liebe nicht entzieht und seine Verheißung an uns erfüllt. Im Vertrauen darauf, daß ihre Liebe von der größeren Liebe Gottes getragen und gehalten ist, können Mann und Frau es wagen, einander in ihrer Begrenztheit und Schwäche ganz anzunehmen.

Die im Sakrament empfangene Zusage, ihrer gegenseitigen Liebe vertrauen zu dürfen, weil Gott selbst hinter ihnen steht, bezieht sich nach dem Verständnis unseres Glaubens nicht nur auf den Zeitpunkt des feierlichen Eheabschlusses. Das Jawort am Altar, das Mann und Frau sich unter den Augen Gottes versprechen und das die Kirche mit ihrem Segen bekräftigt, begründet ein für allemal die Zusammengehörigkeit der Ehepartner. Aber daß sie durch das Sakrament der Ehe füreinander die Sprache geworden sind, in der Gott zu ihnen spricht, und der Ort, an dem sie Gott begegnen, das gilt für die ganze Wegstrecke ihrer gemeinsamen Lebenszeit. Die Würzburger Synode hat diesen Gedanken der neueren Ehetheologie aufgegriffen: »Christliche Ehepartner bezeugen in ihrem gemeinsamen Leben die Liebe Gottes, indem sie durch ihre eigene Liebe und Treue die Liebe Gottes sichtbar machen.«[18]

Nichts anderes meint die Rede von der Sakramentalität der Ehe, als daß hinter dem Jawort, das Mann und Frau einander geben, und das sie ein Leben lang neu sprechen, das große Ja steht, mit dem Gott uns Menschen gewollt hat. Freilich können wir Menschen dieses unbedingte göttliche Ja untereinander nur gebrochen weitergeben. Das gilt nicht nur für den äußersten Fall, daß Menschen aneinander endgültig scheitern, sondern bereits überall dort, wo sie sich Verständnis, Hilfe und Zuwendung schuldig bleiben. Wenn die Ehe der Weg ist, auf dem Mann und Frau immer tiefer in die Liebe Gottes hineinwachsen, dann schließt dieser Weg auch Umkehr und das Ringen um Vergebung ein. Das Leiden an menschlicher Unvollkommenheit, der eigenen wie der des Partners, und die Verarbeitung von Schuld sind notwendige Reifungsschritte, die in keiner Ehe ausbleiben. Wenn solche Krisen in der Bereitschaft zur Versöhnung angenommen werden, tragen sie zu den unvermeidlichen Wandlungen des Lebens und zum Gelingen der Liebe bei.

Als Sakrament der Liebe Christi ist die Ehe auf sein Leben und Sterben, sein Kreuz und seine Auferstehung bezogen. Sie führt deshalb auch die Ehepartner, die den Weg Jesu als getaufte Christen gemeinsam nachgehen, durch die Erfahrung des Scheiterns und bitterer Enttäuschung aneinander hindurch in das neue Leben der Versöhnung. Sie betrachten ihr eheliches Zusammenleben auch als einen gemeinsamen geistlichen Weg, auf dem sie die beglückenden und schmerzlichen Erfahrungen ihrer Liebe besser verstehen. Im gemeinsamen Gebet, in der regelmäßigen Feier der Eucharistie und in der Teilnahme an den Sakramenten der Kirche gewinnen sie die Kraft, den Krisen ihrer Liebe standzuhalten. Sie lernen, Enttäuschungen miteinander anzunehmen und sie zur

Läuterung und Heilung umzuwandeln, indem sie Buße und Umkehr miteinander einüben. Freilich ist dies oft ein langer und schmerzlicher Weg, der auch unter Christen nicht immer gelingt. Weder die Institution Ehe noch das sakramentale Symbol garantieren von sich aus, daß die Ehepartner einander tatsächlich lieben und ihre Zuneigung zueinander erhalten bleibt.[19] Manchen Christen bleibt in der Rückschau auf ihre zerbrochene Ehe nur das bittere Gefühl, ausgenutzt und um den Einsatz ihrer Liebe betrogen worden zu sein. Oft wird ihre menschliche Not noch dadurch verstärkt, daß sie auch in der Glaubensgemeinschaft der Kirche und ihrer Pfarrgemeinde vor Ort keine Hilfe finden. Je mehr Ehen scheitern, desto wichtiger wird es sein, daß Christen die helfende und heilende Kraft des Glaubens erfahren. Die Kirche muß sie ermutigen, auch das Scheitern ihrer Ehe als ein »Sterben« mit Christus zu verstehen und sie in ihrer Hoffnung bestärken, daß verschenkte Lebenschancen nach der Logik des Evangeliums nicht für immer verloren sind. Daß die Liebe der Ehepartner durch das Sakrament ihres Glaubens geheiligt ist, muß auch in der Not des Scheiterns noch als Trost erlebbar sein, wenn die Rede von der sakramentalen Würde ehelicher Liebe lebensnah und glaubwürdig bleiben soll.

4.33 Familie als erweiterter Lebensraum der Liebe

Die Verbindung zweier Einzelbiographien zu einem Lebensprojekt für die gemeinsame Zukunft führt Mann und Frau zur Ehe als der *Lebensform* ihrer Liebe zusammen. Indem sich diese Zweierbeziehung für die Ankunft ihrer Kinder nochmals öffnet, entsteht die Familie als der eigentliche *Lebensraum* der Liebe. In der Bereitschaft, Kindern das Leben zu schenken und gemeinsam die Elternrolle zu übernehmen, kündigt sich eine neue Phase des partnerschaftlichen Lebens an. Die Eltern überschreiten ihre gemeinsame Lebenszeit auf die Zukunft ihrer Kinder hin, aber die Ankunft neuen Lebens gibt zugleich der eigenen Beziehung festeren Zusammenhalt. Häufig führt erst die Geburt eines Kindes zur formellen Eheschließung und gibt so der ehelichen Partnerbeziehung rückwirkend einen neuen Sinn. Das ist ein Indiz dafür, daß aus der Sicht junger Menschen die entscheidende Lebensalternative nicht mehr die Wahl zwischen ehelicher und nichtehelicher Partnerschaft ist, sondern die Entscheidung für oder gegen ein Leben mit Kindern. Dem entspricht die Tatsache, daß es zur Familie anders als zur Ehe gegenwärtig keine sichtbaren Alternativen gibt, die den Kern der traditionellen Familienauffassung – das Zusammenleben der Eltern mit ihren eigenen Kindern – dauerhaft in Frage stellen.

Die Norm verantwortlicher Elternschaft, nach der die leiblichen Eltern die Verantwortung für die Erziehung ihrer Kinder übernehmen sollen, hat sich heute gegenüber früheren Zeiten sogar verfestigt. Die Idealisierung der Elternrolle und der gestiegene Anspruch an die emotionale Qualität der Eltern-Kind-Beziehung ist einer der Gründe für die geringe Kinderzahl der meisten Ehen. Sie führt aber auch dazu, daß sich Frauen kaum mehr vorstellen können, eine Schwangerschaft auszutragen und das Kind danach zur Adoption freizugeben. Dieser Zusammenhang mit der veränderten Norm verantwortlicher Elternschaft verdeutlicht, warum das verurteilende Etikett »Lebensfeindlichkeit« zu pauschal ist, um die paradoxe Bewußtseinslage junger Menschen zu treffen.

Auf dem Zweiten Vatikanischen Konzil hat sich die Kirche selbst zur verantwortlichen Elternschaft bekannt. Sie beinhaltet die Verpflichtung der Eheleute, in Rücksicht voreinander, unter Achtung ihrer Würde als Mann und Frau und im Blick auf ihre gesamte Lebenssituation ein Urteil über die Zahl ihrer Kinder zu bilden, das sie miteinander vor Gott und in ihrem Gewissen verantworten (vgl. Gaudium et spes, Nr. 50 und 51). Der Respekt vor der Würde der Partner und ihren verschiedenen körperlichen Lebensrhythmen muß auch für die Frage der Methode der Empfängnisregelung bestimmend sein. Die neue Wertschätzung des natürlichen Lebens veranlaßt heute viele Ehepaare, »sanfte« Techniken der Geburtenregelung zu erproben, die ihrem Zusammenleben angemessen sind und ihrer gemeinsamen Verantwortung entsprechen. Leider sind diese neuen Methoden der natürlichen Empfängnisregelung bei uns noch zu wenig bekannt. Auch darf ihr anthropologischer Wert nicht übersehen werden. Die Entscheidung für die natürlichen Rhythmen bedeutet nicht nur die Wahl einer bestimmten Methode der Empfängnisverhütung, sondern zugleich die Über-

nahme eines neuen partnerschaftlichen Lebensstils, durch den Mann und Frau gegenseitige Achtung und Rücksichtnahme aufeinander einüben. Wo die natürliche Familienplanung möglich ist – sie kommt bei unserer hohen gesellschaftlichen Mobilität, in der Ehepartner aus beruflichen Gründen häufig lange Trennungszeiten in Kauf nehmen müssen, nicht für jedes Ehepaar und wohl auch nicht in jeder Phase des partnerschaftlichen Zusammenlebens in Frage –, da sollte man Ehepartner zu ihr ermuntern.
Dagegen stößt die prinzipielle Ablehnung der künstlichen Empfängnisregelung durch das kirchliche Lehramt bei vielen – auch kirchlich gebundenen und regelmäßig praktizierenden – Gläubigen auf Unverständnis und innere Ablehnung. Sie anerkennen gleichwohl, daß sich die Entscheidung für eine bestimmte Methode der Empfängnisregelung an *ethischen Kriterien* zu orientieren hat, die sie in ihrer Gewissensentscheidung zu berücksichtigen haben. Sie verstehen die Motive und Sorgen, von denen die Haltung des Lehramtes geleitet ist, auch wenn sie seine Argumentationsweise und seine normativen Schlußfolgerungen nicht nachvollziehen können. Wo es innerhalb der Kirche zu einer konstruktiven Auseinandersetzung um die Position des Lehramtes kommt, zeichnet sich ein weitgehender Konsens darüber ab, daß die verantwortliche Wahl einer konkreten Methode zur Empfängnisregelung drei Kriterien entsprechen soll. Sie muß danach *erstens* dem *gegenseitigen* Respekt der Partner und der Achtung vor ihrer Würde als Person entsprechen; Empfängnisregelung darf nicht zur Entkoppelung von Sexualität und Verantwortung führen und einen Partner der Willkür des anderen ausliefern. Sie muß *zweitens* in *gemeinsamer Verantwortung* getragen werden und auch die Bereitschaft zur zeitweiligen Enthaltsamkeit aus Rücksicht auf den Partner einschließen. Gemessen an diesen Kriterien erweist es sich als ein Nachteil vieler Methoden der »künstlichen« Empfängnisregelung, daß sie einseitig zu Lasten der Frau gehen. Insbesondere die hormonale Antikonzeption durch die Pille hat eine ambivalente Entwicklung zur Folge, die sie aus der Sicht vieler Frauen als Dauerlösung ungeeignet macht. Die Pille hat unser Denken über die Sexualität wie keine andere Erfindung der modernen Medizin verändert und innerhalb weniger Jahrzehnte einen Wan-

del der Geschlechterbeziehung ausgelöst, der einer kulturellen Revolution gleichkommt: sie hat einerseits den Frauen die Furcht vor einer ständig drohenden Schwangerschaft genommen und ihnen ein angstfreies Erleben der eigenen Sexualität ermöglicht; andererseits stabilisiert sie die traditionelle Rollenbeziehung der Geschlechter zu Lasten der Frau, weil sie es dem Mann erleichtert, sich seiner Verantwortung zu entziehen und die Aufgabe der Empfängnisregelung an die Frau zu delegieren. Das *dritte* Kriterium erinnert an die aus ethischer Sicht entscheidende Grenzlinie zu den *nidationsverhindernden Methoden* der Geburtenkontrolle, die keinen Weg der Empfängnisregelung darstellen, sondern aufgrund ihrer *abortiven Wirksamkeit* einer Frühabtreibung gleichkommen. Dieses Kriterium betrifft unter den gängigen Methoden vor allem die Spirale und die Pille danach, nicht jedoch, wie in einer gezielten Desinformationskampagne interessierter kirchlicher Kreise immer wieder behauptet wird, die sachgemäße Anwendung der sog. Mikropille und der in ihrer Zusammensetzung gegenüber den klassischen Ovulationshemmern veränderten Präparaten der »neuen Pillengeneration«.[20]

Schwerer als die Unterschiede unter den einzelnen Methoden der Empfängnisregelung wiegt gegenwärtig deshalb die Sorge, daß die Grenze zur Abtreibung im öffentlichen Bewußtsein verwischt wird. Verantwortliche Empfängnisregelung verhindert die Entstehung neuen Lebens, Abtreibung ist Tötung bereits bestehenden Lebens, die das Lebensrecht des ungeborenen Kindes mißachtet. Dieser fundamentale Unterschied verbietet es, Empfängnisverhütung und Abtreibung auf eine Stufe zu stellen, wie es in umstrittenen Äußerungen römischer Moraltheologen wiederholt geschehen ist. Solche bewußten Grenzverwischungen belasten nur die Glaubwürdigkeit der kirchlichen Verkündigung und geraten zudem in fatale Nähe zu der radikalen feministischen Position, die ein Recht auf Abtreibung als normales Mittel der Geburtenkontrolle fordert. Der öffentliche Flurschaden, den solche Äußerungen anrichten, läßt sich auch nicht durch die angebliche Sorge um die authentische Darstellung der kirchlichen Lehre rechtfertigen. Damit deren innere Gewichtung gewahrt bleibt, ist vielmehr die energische Klarstellung vonnöten, daß der eigentliche Beitrag einer christlichen Ethik zum Verständnis menschlicher Sexualität in der Verantwortung für den Partner und der Ehrfurcht vor dem Leben, aber nicht im Streit um die Empfängnisregelung liegt. Durch die Bereitschaft, Kindern das Leben zu schenken, weitet sich der intime Lebenskreis der Zweierbeziehung von Mann und Frau zu einem größeren Lebensraum, der sich zur Gesellschaft hin öffnet. Das Leitbild der Familie als *sozialer Grundeinheit* ist auch dort noch wirksam, wo die Betroffenen ihm aus welchen Gründen auch immer (Adoptiveltern, alleinerziehende Mütter und Väter, nichteheliche Paare) nicht entsprechen können. Das Zusammenleben der Kinder mit ihren Eltern ist der unersetzliche *Ort sozialen Lernens*, an dem Vertrauen in das Leben und die Verläßlichkeit menschlicher Beziehungen eingeübt werden. Nach dem Motto »Lernen durch Tun« kann sich in den Familien eine ursprüngliche Solidarität des Helfens und Teilens entwickeln, wie sie in keinem anderem gesellschaftlichen Lebensfeld erfahrbar ist. Vor allem im Blick auf die existenziellen Grenzerfahrungen von Not, Unglück, Krankheit und Alter sind keine alternativen Lebensformen in Sicht, die diese Aufgaben gewährleisten können. Auch die nichtehelichen Lebensgemeinschaften haben den Nachweis noch nicht erbracht, daß sie diesen Kontrasterfahrungen auf Dauer standhalten.[21] Die gesellschaftlichen Veränderungen der modernen Lebenswelt haben also die Grundstruktur des familialen Lebens und der elterlichen Verantwortung nicht aufgelöst. Wohl aber haben sie die Bedingungen, unter denen diese gelebt werden, verändert und in vielfacher Hinsicht erschwert. Zu diesem Ergebnis kommt jedenfalls die genannte Studie von *Franz-Xaver Kaufmann* über die »Zukunft der Familie«. Sie spricht von einem »intakten Familienleitbild«, dessen Verbindlichkeit aber zurückgeht, weil es einerseits idealisiert und andererseits schwieriger zu leben wird. »Die tatsächlich zu beobachtende Pluralisierung familialer Lebensformen ist also nicht als Signal einer neuen Familienauffassung zu werten, sondern als Symptom für die zunehmenden Schwierigkeiten, dem nach wie vor gültigen Familienleitbild zu entsprechen.«[22]

5. *Die Zukunft von Ehe und Familie und die Aufgabe der Kirche*

Sexualität als *elementare Sprache*, Ehe als *verbindliche Form* und die Familie als *erweiterter Lebensraum* partnerschaftlicher Liebe – auf diese Kurzformel läßt sich das Sinnangebot des christlichen Glaubens für das partnerbezogene und familiale Leben der Menschen bringen. In dieser dreifachen Lebensspirale finden Mann und Frau zusammen mit ihren Kindern ihren Ort auf der Welt und ihre wichtigste Aufgabe in ihr. Die Tatsache, daß Umfrageergebnissen zufolge die Zufriedenheit der Menschen mit ihrer konkreten Familie sehr hoch ist, belegt noch immer, daß dieses Sinnangebot eine Antwort auf die Grundfragen der menschlichen Existenz bereithält, die es mit allen anderen Lebensentwürfen aufnehmen kann. Auch die Zufriedenheit von Ehepaaren mit ihrer Lebenssituation ist durchweg höher als das Negativbild vermuten läßt, das unverheiratete Paare von außen zeichnen. Die Antwort auf die Frage »Glauben Sie, daß man eine Familie braucht, um wirklich glücklich zu sein – oder glauben Sie, man kann alleine genauso glücklich leben?« hat sich in den vergangenen Jahrzehnten kaum verändert. Vor 40 Jahren entschieden sich 78% und vor 10 Jahren 73% der Befragten für die Antwort: »Man braucht eine Familie«.

Wie verträgt sich diese ungebrochene Hochschätzung von Ehe und Familie mit der sinkenden Zahl von Eheschließungen und dem dramatischen Anstieg der Scheidungsziffern? Offensichtlich fällt es heute einem großen Teil der jüngeren Generation schwer, sich den entscheidenden Lebenswunsch, der von den meisten innerlich bejaht wird, auch wirklich zu erfüllen. Sie zweifeln nicht an der Sinnhaftigkeit der ehelichen Dauerbindung, aber sie können ihre Skepsis nicht überwinden, *ob* und *wie* sich diese auch leben läßt. Sie schrecken davor zurück, eigene Ansprüche für immer aufgeben zu müssen, solange sie nicht sehen; wie sich ihr Leben an der Seite ihres Partners in einem reifen Miteinander erfüllt.

Die Entscheidung für den konkreten Lebenspartner und die Ungewißheit über die eigenen Kinder machte die Lebenswahl der Menschen schon immer zu einer Entscheidung, in die Ungewißheit und Risiko miteinfließen. Dieses natürliche Wagnis des Eheabschlus-

ses verschärft sich heute durch Veränderungen der gesellschaftlichen Lebenswelt, die das unverrechenbare Risiko eines gemeinsamen Lebens in Ehe und Familie zusätzlich erhöhen. Es ist nicht nur die gestiegene Lebenserfahrung, in deren Folge sich die Gesamtdauer der gemeinsamen Lebenszeit im Vergleich zu früheren Generationen beinahe verdoppelt hat. Auch die frühere Ablösung aus dem eigenen Familienhintergrund, die gewandelten Lebensgewohnheiten während der generativen Phase der Frau, der frühere Beginn der nachfamilialen Phase durch den Weggang der Kinder und die längere Dauer der sogenannten »Altersehe« fordern in jedem Lebenszyklus neue Reifungsschritte der Partner, deren sie sich nicht im voraus sicher sein können. Insofern diese höhere Riskiertheit des ehelichen Lebens eine Konsequenz langfristiger Veränderungen der Gesellschaft ist, läßt sie sich durch die Kirche nicht unmittelbar beeinflussen. Sie kann den Ehen und Familien in unserem Land jedoch indirekt Hilfe leisten. Christliche Gemeinden können für junge Familien zu Räumen der Begegnung werden, in denen sie ihre Isolation überwinden. Sie können junge Menschen auf dem Weg zur reifen Partnerschaft begleiten, indem sie ihnen lebensnah vor Augen führen, wie sich die Idee einer erfüllenden Beziehung zwischen Mann und Frau in der Ehe verwirklichen läßt.
Zu solcher Wegbegleitung durch den Glauben gehört jedoch auch, daß wir in der Kirche die Frage nicht länger verdrängen, auf die wir bis heute eine überzeugende Antwort schuldig bleiben. Die Lebbarkeit unseres Ideals ehelicher Partnerschaft ist nämlich nicht nur von außen bedroht. Sie leidet in den Augen vieler Gläubiger und kirchlich engagierter Menschen unter der Unerbittlichkeit und Härte, mit der die Kirche diejenigen behandelt, die ihrem Anspruch nicht gerecht werden. Wer jungen Menschen ein forderndes Ideal vor Augen stellt, der muß ihnen auch einen Weg zeigen, wie sie noch im Scheitern mit ihm leben können – nicht um dies schon einzuplanen oder um vorsorglich eine Hintertür offenzuhalten, sondern um ihnen Angst zu nehmen und Mut zu machen.

1 Verlautbarungen des Apostolischen Stuhls, Nr. 98, 16.
2 Vom Dialog in der Kirche, in: Schriften zur Theologie Bd. 8, Einsiedeln u. a. 1967, 441.
3 Verlautbarungen des Apostolischen Stuhls, Nr. 25, 33.
4 Vgl. dazu *A. E. Imhof*, Die Lebenszeit. Vom aufgeschobenen Tod und von der Kunst des Lebens, München 1988, 54–112. 289–307. Vgl. zum Ganzen auch *W. Beinert* (Hrsg.), Braucht Liebe (noch) die Ehe?, Regensburg 1988, vor allem dort: *M. Kaiser*, Die Grundlagen der Eheschließung im Wandel der Zeiten (41–65); *W. Beinert*, Braucht Liebe (noch) die Ehe? Systematische Zusammenfassung (115–148); *H. Lukesch*, Ehe, nichteheliche Lebensgemeinschaft und Ehescheidung (66–114).
5 Vgl. *F. X. Kaufmann*, Zukunft der Familie. Stabilität, Stabilitätskrisen und Wandel der familialen Lebensformen sowie ihre gesellschaftlichen und politischen Bedingungen, München 1990, 26. 88.
6 *U. Beck*, Risikogesellschaft. Auf dem Weg in eine andere Moderne, Frankfurt 1986, 163.
7 Zitiert nach *H. Schenk*, Freie Liebe – wilde Ehe. Über die allmähliche Auflösung der Ehe durch die Liebe, München 1988, 26.
8 Vgl. zum Folgenden *R. Süßmuth*, Wandlungen im Bindungsverhalten, in: HK 35 (1981) 195–199.246–252; *M. Wingen*, Nichteheliche Lebensgemeinschaften. Formen-Motive-Folgen, Zürich 1984, 65–76 und *F. X. Kaufmann*, Zukunft der Familie, 38.93.
9 *U. Beck*, a.a.O. 165.
10 *R. Süßmuth*, a.a.O. 251.
11 Vgl. *P. Mikat*, Strukturen der Ehe in unserer Zeit, Paderborn 1987, 51.
12 Vgl. *C. Westermann*, Genesis. Kapitel 1–11. BK AT I/1, Neukirchen–Vluyn 1974, 221.
13 Zu diesem Mißverständnis vgl. *H. Schlüngel-Straumann*, Die Frau am Anfang. Eva und die Folgen, Freiburg 1989, 104–107. In diesem Werk findet sich auch ein instruktiver Überblick über die frauenfeindlichen Auslegungstendenzen in der spätjüdischen, patristischen und mittelalterlichen Exegese von Gen 2 und 3 (a.a.O. 9–92).
14 Vgl. *H. W. Wolf*, Anthropologie des Alten Testaments, München 1973, 49–67; *W. Schmithals*, Die theologische Anthropologie des Paulus, Stuttgart 1980, 39–42.
15 Vgl. *M. Gambaroff*, Utopie der Treue, Hamburg 1984, 46.
16 *P. Ricoeur*, Sexualität. Wunder-Abwege-Rätsel, Frankfurt 1967, 15.
17 *E. Fromm*, Die Kunst des Liebens, Frankfurt 1956, 81.
18 Beschlüsse der Vollversammlung, Band I, Freiburg 1976, 425.
19 Vgl. *K. Hilpert*, Liebe und Selbstverwirklichung. Das Verhältnis zwischen heutigem Partnerschaftsideal und christlichem Eheverständnis,

in: *ders.* (Hrsg.), Selbstverwirklichung. Chancen-Grenzen-Wege, Mainz 1987, 121.

20 Die Wirkung der Mikropille beruht neben einer verminderten Ovulationshemmung vor allem auf der Unterdrückung der Spermienaszension, so daß es bei regelmäßiger Einnahme nicht zur Befruchtung kommt. Die genaue Bedeutung der gestagenbedingten Veränderungen des Endometriums ist noch unklar, allerdings spricht der etwas höhere Pearl-Index (es kommt beim Versagen zur Schwangerschaft) gegen eine angeblich abtreibende Wirkung. Vgl. dazu *G. K. Döring,* Empfängnisverhütung. Ein Leitfaden für Ärzte und Studenten, Stuttgart – New York [12]1990, 61; *H. P. G. Schneider* (Hrsg.), Sexualmedizin, Infertilität, Familienplanung (= Bd. 2: Klinik der Frauenheilkunde und Geburtshilfe), München–Wien–Baltimore [2]1989, 189.

21 Vgl. dazu *A. Auer,* Art. »Ehe und Familie«, in: Staatslexikon, Bd. 2, 88–89.

22 *F. X. Kaufmann,* Zukunft der Familie, 119.

August Jilek

Gottesdienst: die preisend-bittende Proklamation unseres Glaubens

Oder: Wider die Pädagogisierung und die Instrumentalisierung von Liturgie
Dargestellt am Beispiel der Eucharistiefeier

Einleitung

Es scheint so gut wie allgemeiner Beobachtung und Überzeugung zu entsprechen, daß gegenwärtig – und zwar nicht nur in der Bevölkerung allgemein, sondern bis in Kerngruppen unserer Pfarrgemeinden hinein – die Zahl derer rasch wächst, die – hinsichtlich ihrer Lebensanschauung – zunehmend weniger Übereinstimmung mit unserem kirchlichen Glauben finden. Dieses Phänomen sollte zwar nicht vorschnell mit Stichworten wie »nachchristliches Zeitalter« oder dergleichen diagnostiziert werden, sondern bedürfte einer umsichtigeren Analyse[1]; gleichwohl ist damit die Situation charakterisiert, in der sich jeder findet, der vor Ort für die Gestaltung und die Feier von Liturgie Verantwortung trägt: Wie ist solche Verantwortung wahrzunehmen, wenn es zwischen dem Glauben, den unsere Liturgie meint und voraussetzt, einerseits und der tatsächlichen Glaubenssituation vieler Feiernder andererseits erhebliche, möglicherweise sogar wachsende Diskrepanzen gibt?[2] Ist Liturgie dann anders zu gestalten? Wenn ja, welche Wege wären zu gehen und welche Kriterien hierfür maßgeblich?
An Empfehlungen und Wegweisung hat es schon bisher nicht gefehlt. Es sei nur an die sogenannten »Zwecksonntage« erinnert: bis hin zum »Welttag der sozialen Kommunikationsmittel«. Mit viel Sorgfalt werden Meßformulare für die entsprechenden Sonntage entworfen und den Seelsorgern an die Hand gegeben. Die Seriosität des pastoralen Anliegens, von dem all dies getragen ist, steht nicht in Zweifel. Wohl aber muß man fragen: Wird auf

solche Weise die Liturgie des Sonntags nicht instrumentalisiert und verfremdet? Kann das ein oder gar *der* Weg sein?
Oder: Man werfe einen Blick in Handreichungen, die aus privater Feder zur Gestaltung von Meßfeiern angeboten werden. Im Vorspann zu so manchem Gestaltungsvorschlag kann man etwa solches lesen:

> »*Vorbemerkung und Intention*
> Erwachsene wie Kinder sind in unserer heutigen Gesellschaft vorrangig auf das materielle Leben ausgerichtet und stark von ihm abhängig.
> Es ist deshalb wichtig, sich bewußtzumachen, daß menschliches Leben nur möglich ist, wenn die materielle Versorgung von menschlicher Liebe und Zuwendung getragen wird.
> Die Kinder sollen erkennen, daß Menschen zum Leben Materielles, wie Nahrung, Kleidung und Wohnung, brauchen – aber vor allem die Liebe von anderen Menschen. Sie sollen sich bewußt werden, daß sie von Menschen in ihrer Umgebung Liebe erhalten, und bereit sein, sie auch anderen zu geben.«[3]

Das zitierte Anliegen durchzieht dann den gesamten Gestaltungsvorschlag wie ein Cantus firmus, kaum ein Gebetselement bleibt davon unberührt.[4] Wer mit den genannten Zwecksonntagen leben muß – weil diese ja sogar amtlicherseits angeordnet sind und die entsprechenden Handreichungen zumindest offiziösen Charakter tragen –, kann den Verfassern solcher privaten Gestaltungsvorschläge schwerlich einen Vorwurf machen. Deren pastorales Anliegen ist ja das gleiche und nicht minder seriös; sie wählen nur andere Beispiele. Dennoch und erst recht muß man entgegenhalten: Ein Gottesdienst, der nach solchen Vorschlägen und Gestaltungskriterien gefeiert wird, hat mehr Ähnlichkeit mit schulischem Religionsunterricht oder mit Erwachsenenbildung als mit Liturgie; eine Religionsstunde aber ist keine Liturgie und Liturgie ist kein Religionsunterricht, keine pädagogische Veranstaltung welcher Art auch immer.
Damit ist der Kontext für die nachfolgenden Überlegungen zumindest skizziert, und es ist auch schon angedeutet, daß die anstehende Problemerörterung an Hand des Beispiels Eucharistiefeier

geschieht. Was hierzu dargelegt wird, möge gesehen werden vor dem Hintergrund der Frage: Was eigentlich kann ein durchschnittliches Mitglied unserer Kirche antworten, wenn es von seinen eigenen Kindern oder gar von Fernstehenden befragt wird über Inhalt, Sinn und Absicht gottesdienstlichen Feierns? Ein Beispiel: Wer mit jungen Brautleuten deren Trauung vorbereitet, muß in der Regel davon ausgehen, daß diese jungen Erwachsenen über Inhalt und Sinn der Eucharistiefeier das letzte Mal im Rahmen ihrer seinerzeitigen Erstkommunion-Vorbereitung orientiert worden sind. Gründe hierfür liegen u. a. in entsprechenden Defiziten der Lehrpläne für den schulischen Religionsunterricht, in mangelhafter Ausschöpfung der Möglichkeiten, welche die Lehrpläne gleichwohl gewähren, und – keineswegs zuletzt – in entsprechenden inhaltlichen Defiziten der Studiengänge für das Lehramt. Das bedeutet: Die allermeisten Gläubigen haben – als Erwachsene! – für die Feier der eucharistischen Liturgie keine anderen wissensmäßigen und spirituellen Zugänge, als ihnen seinerzeit – in ihrem Kindesalter! – vermittelt und erschlossen worden sind.
Zwei frühkirchliche Zeugen, deren Auskünfte einander in wichtigen Belangen ergänzen, sollen für die nachfolgenden Darlegungen sozusagen den Leitfaden vorgeben. Zum einen der Märtyrer *Justin*, gest. um 165 n. Chr. in Rom, der mit seiner *Ersten Apologie* (= 1. *Apol*)[5] eine Schrift hinterlassen hat, die zu den ältesten Quellen überhaupt gehört, die detaillierter darüber orientieren, wie die Christen damals Eucharistie gefeiert haben. Zum anderen die *Traditio Apostolica* (= *TrAp*)[6], die ja nur etwa zwei Generationen später verfaßt worden ist – vermutlich von *Hippolyt von Rom* – und das bisher älteste bekanntgewordene Modell eines eucharistischen Hochgebetes enthält. Niemand möge Sorge haben, die nachfolgenden Erörterungen seien ob der Wahl dieser Quellen und solchen Zugangs primär von archaisierendem Interesse bestimmt: Das eucharistische Hochgebet der *Traditio Apostolica* hat im Zuge der zurückliegenden Etappe der Liturgiereform bekanntlich als *Zweites Hochgebet* in unser neues Meßbuch Eingang gefunden; so ist zugleich die Brücke in die Gegenwart geschlagen.

1. Die grundlegenden Handlungsvollzüge der Eucharistiefeier

Über die Eucharistiefeier in der Kirche zu Rom um die Mitte des zweiten Jahrhunderts erzählt *Justin:*

> »[3]Dann werden dem Vorsteher der Brüder Brot und ein Becher mit Wasser und Wein gebracht. Dieser nimmt es und sendet dem Vater des Alls durch den Namen des Sohnes und des Heiligen Geistes Lob und Preis empor und spricht eine ausgedehnte Danksagung dafür, daß wir dieser Gaben von ihm gewürdigt worden sind. Ist er mit den Gebeten und mit der Danksagung zu Ende, so gibt die ganze Gemeinde ihre Zustimmung mit dem Wort ›Amen‹. [4]›Amen‹ bedeutet in der hebräischen Sprache soviel wie: Es geschehe!
> [5]Nachdem der Vorsteher Dank gesagt und die ganze Gemeinde zugestimmt hat, teilen die, welche bei uns Diakone heißen, jedem der Anwesenden von dem bedanksagten (›eucharistisierten‹) Brot, Wein und Wasser mit und bringen davon auch den Abwesenden.«[7]

Nicht anders schildert es zwei Generationen später die *Traditio Apostolica.*[8] Was diese beiden Zeugnisse als frühkirchliche Praxis der Eucharistiefeier zu Rom bezeugen, was zuvor die neutestamentlichen Schriften als Stiftungshandlung des Herrn überliefern und wie unser heutiger Meßordo als Glaubensdokument der Gegenwart die Eucharistiefeier strukturiert, läßt sich unschwer in eine Synopse bringen (s. S. 123).

Eine solche Zusammenschau macht ersichtlich: Die Grundvollzüge der Eucharistiefeier liegen im *Herbeibringen der Gaben,* in der *Eucharistia – im Dankgebet – über Brot und Wein,* dem *Brechen des Brotes* sowie im *Empfangen und Verzehren von Brot und Wein.* Damit kommt zweierlei in den Blick. Einerseits: Wenngleich im Verlauf der Geschichte einzelne Vollzüge in der Praxis unterschiedlich entfaltet und in der theologischen Deutung zuzeiten unterschiedlich gewichtet worden sind, so ist für die Eucharistiefeier dennoch über die Zeit hinweg – und das ist so selbstverständlich nicht – zumindest prinzipiell jene Grundstruk-

Jesus	150 n. Chr. *Römische Kirche (Justin)*	215 n. Chr. *Römische Kirche (TrAp)*	1969/1975 *Meßbuch*
»Und er *nahm Brot,*	*Herbeibringen der Gaben*	*Herbeibringen der Gaben*	*Gabenbereitung*
sprach das *Dankgebet,*	*Dankgebet* über Brot und Wein	*Dankgebet* über Brot und Wein	Eucharistisches *Hochgebet*
brach das *Brot*		*Brotbrechen*	Kommunion: (Vaterunser Friedensgruß) *Brotbrechen*
und reichte es ihnen mit den Worten: *»Nehmt und eßt alle* davon. Das ist mein Leib, der für euch hingegeben wird . . . *Nehmt und trinkt alle* daraus . . . Tut dies zu meinem Gedächtnis!«[9]	Empfangen = *Essen* und *Trinken* von Brot und Wein	Empfangen = *Essen* und *Trinken* von Brot und Wein	Empfangen = *Essen* und *Trinken* von Brot und Wein[10]

tur bewahrt geblieben, die ihr der Herr selbst eingestiftet hat. Andererseits muß man schon hier fragen: Und wie wird demgegenüber vom Durchschnitt der Mitglieder unserer Kirche die Grundstruktur der Eucharistiefeier erlebt, wie stellt sie sich in deren »Anschauung« dar?

2. *Die inhaltlich-motivische Prägung der Eucharistiefeier: preisend-bittende Anbetung Gottes im Großen Gebet über Brot und Wein*[11]

2.1 Das Zeugnis *Justins*

Es interessiert natürlich nicht nur der Aufbau, es interessieren nicht weniger die motivische Prägung und die Absicht, die mit einzelnen Handlungsvollzügen der Eucharistiefeier verbunden sind. Hören wir nochmals auf *Justin*. Wie die Gaben zum Vorsteher gebracht werden und wie man sich deren Austeilung und Empfang näherhin vorzustellen hat, darüber äußert er sich nicht weiter; offenkundig handelt es sich dabei um einen noch wenig geprägten Vorgang. Ausführlich hingegen spricht er vom *Gebet über den Gaben.*[12] Schon dieser Umstand allein besagt: Im Gebet über den Gaben – im *Hochgebet,* wie wir heute sagen – liegt offenkundig ein Schwerpunkt der eucharistischen Liturgie. Unterstrichen wird dies noch dadurch, daß dieses Gebet nicht von irgend jemandem, sondern vom Vorsteher der Kirche vor Ort proklamiert wird.

Bemerkenswert ist ferner, wie *Justin* dieses Gebet inhaltlich charakterisiert. Der Vorsteher – so erzählt er – nimmt die Gaben, die ihm überbracht worden sind (Brot sowie Becher mit Wein und Wasser) und *»sendet dem Vater des Alls durch den Namen des Sohnes und des Heiligen Geistes Lob und Preis (ainos kai doxa) empor und spricht eine ausgedehnte Danksagung (eucharistia) dafür, daß wir dieser Gaben von ihm gewürdigt worden sind«.*[13] M. a. W.: Gott, dem Vater, *doxa* – Lobpreis also – zu geben und ihm *eucharistia* – Dank – zu sagen, das ist das Grundanliegen des Gebetes über den eucharistischen Gaben. Und insofern dies noch dazu ausladend, »ausgedehnt« geschieht – so gut, wie der Vorsteher es vermag, wie *Justin* eigens betont –, liegt darin zugleich der thematische und intentionale Schwerpunkt der Eucharistiefeier insgesamt.

Kurzum: Die Eucharistiefeier, wie *Justin* sie kennt und schildert – wie sie also zu seinen Lebzeiten in der Kirche zu Rom gefeiert wird –, ist in ihrem Wesen preisende, danksagende Anbetung

Gottes, des Vaters Jesu Christi. Das gilt so sehr, daß es sich bis in die Terminologie hinein bemerkbar macht. So heißen die Gaben, die den versammelten Gläubigen gereicht werden, »bedanksagtes« Brot und »bedanksagter« Wein. Wer in unseren Tagen käme schon auf den Gedanken, Brot und Wein der Eucharistiefeier so zu nennen? *Justin:*

> »Nachdem der Vorsteher *Dank* gesagt und die ganze Gemeinde akklamiert hat, teilen die, welche bei uns Diakone heißen, jedem der Anwesenden von dem *bedanksagten* (›*eucharistisierten*‹) Brot, Wein und Wasser mit und bringen davon auch den Abwesenden.«[14]

Diese Notiz geht über die bloß terminologische Ebene weit hinaus. Sie gibt nämlich zum einen zu erkennen: Das Große Gebet über Brot und Wein ist so sehr Mitte, Kernhandlung der Eucharistiefeier, daß auch die Gaben von eben diesem Gebet ihren Namen erhalten. Kennzeichen von Brot und Wein der Eucharistiefeier ist, daß über ihnen die preisende, die danksagende Anbetung Gottes vollzogen worden ist! Daraus ergibt sich als zweites: Nicht nur das Beten über Brot und Wein, sondern auch noch das nachfolgende Reichen, Empfangen und Verkosten von diesen Gaben ist geprägt von dem Gedanken, Gott, dem Vater Jesu Christi, *doxa* zu geben, Ihm Preisung und Dank zu sagen. Das Kommunizieren, wie wir heute sagen, erhält seine Sinnbestimmung somit von der vorausgehenden preisenden Anbetung Gottes: Wer hinzutritt, um vom eucharistischen Brot zu essen und vom eucharistischen Wein zu trinken, tut dies unter Lobpreis und Dank an Gott! Für uns Heutige ist auch dies alles andere als selbstverständlich.
Das Zeugnis *Justins* ist auch deshalb von außerordentlicher Bedeutung, weil er ja nicht schildert, wie er sich Eucharistiefeier wünscht – also keinen Idealtypus beschreibt –, sondern wie er sie erlebt, wie sie also – zu seinen Lebzeiten – tatsächlich gefeiert wird!

2.2 Ein frühkirchliches Beispiel: die Eucharistia der *Traditio Apostolica*

(Aus der römischen Kirche um 215 n. Chr.)

2.21 Der Text[15]

Bischof: Der Herr sei mit euch. *Alle:* Und mit deinem Geist.
Bischof: Empor die Herzen. *Alle:* Wir haben sie beim Herrn.
Bischof: Laßt uns danken dem Herrn. *Alle:* Das ist würdig und recht.

1	*Bischof:* Wir sagen dir Dank, Gott, durch deinen geliebten Sohn Jesus Christus.	*Dank* für:
2	Ihn hast du uns in der allerletzten Zeit gesandt als Retter, Erlöser und Boten deines Willens.	*Jesus Christus*
3	Er ist dein unzertrennliches Wort.	
4	Durch ihn hast du alles gemacht und es hat dir gefallen.	1. Schöpfung der Welt
5	Du hast ihn vom Himmel in den Mutterleib der Jungfrau gesandt.	2. Menschwerdung
6	Im Mutterleib hat er Fleisch angenommen und sich als dein Sohn erwiesen, geboren aus dem Heiligen Geist und der Jungfrau.	
7	Deinen Willen erfüllend und dir ein heiliges Volk erwerbend hat er, während er litt, seine Hände ausgebreitet, um diejenigen vom Leiden zu befreien, welche an dich glauben.	3. Leiden und Sterben
8	Während er sich dem freiwilligen Leiden auslieferte, um den Tod zu vernichten und die Ketten des Satans zu zerreißen, um die Unterwelt zu betreten, und die Gerechten zum Licht zu führen,	

	um die Bestimmung unumstößlich zu machen und die Auferstehung zu offenbaren,	
9	nahm er Brot, sagte dir Dank und sprach: »Nehmt, eßt, das ist mein Leib, der für euch zerbrochen wird.«	4. Stiftung der Eucharistiefeier
10	Ähnlich nahm er den Kelch und sprach: »Das ist mein Blut, das für euch vergossen wird. Wenn ihr dies tut, tut mein Gedächtnis.«	
11	Gedenkend also seines Todes und seiner Auferstehung bringen wir dir das Brot und den Kelch dar, dir dafür dankend, daß du uns für würdig erachtet hast, vor dir zu stehen und dir zu dienen.	*Gedenkend-Dankende Darbringung* von Brot und Wein
12	Und wir bitten, daß du deinen Heiligen Geist auf die Opfergabe der heiligen Kirche sendest.	*Bitte* um: 1. *Geistsendung* auf Brot und Wein
13	Indem du sie in Einheit versammelst, gib allen, die vom Heiligen empfangen, daß sie voll werden vom Heiligen Geist zur Stärkung des Glaubens in der Wahrheit,	2. *Einheit* aller Gläubigen 3. *Erfüllung* der *Gläubigen* mit *Heiligem Geist*
14	auf daß wir dich loben und preisen durch deinen Sohn Jesus Christus, durch den dir Ehre und Ruhm ist, dem Vater und dem Sohn mit dem Heiligen Geist in deiner heiligen Kirche jetzt und in alle Ewigkeit.	
15	*Alle:* Amen.	

2.22 Eine Kurzanalyse

Sehen wir vom Einleitungs-Dialog ab und beginnen wir mit dem *Corpus* des Gebetes. Für eine kurze Analyse kann man sich an jenen Verba orientieren, mit denen der Bischof als Vorsteher das Tun der feiernden Kirche, deren aktuellen Gebetsvollzug, charakterisiert:

»Gratias tibi referimus deus ...	V 1	»Wir sagen dir Dank, Gott ...
Memores igitur ... offerimus tibi ... gratias tibi agentes ...	V 11	Gedenkend also ... bringen wir dir dar ... dir dankend ...
Et petimus ...	V 12	Und wir bitten ...
ut te laudemus ...«	V 14	auf daß wir dich loben und preisen ...«

Diese Verba geben gut zu erkennen, wie das Gebet formal und inhaltlich strukturiert ist.

Das preisende Gedenken (VV 1–10)

»Wir sagen dir Dank, Gott«, so beginnt die feiernde Kirche und proklamiert dann – unter eben diesem Gesichtspunkt und unter Anbetung des Allmächtigen – das Christus-Geschehen. Die VV 2.3 sind gewissermaßen Überschrift, ab V 4 wird entfaltet: *Schöpfung* (V 4), *Menschwerdung* (VV 5.6), *Passion* (VV 7.8) und *Stiftung der Eucharistiefeier* (VV 9.10). Wichtig ist, daß man bemerkt: All das wird aus einem einzigen Grund ins Gebet gebracht, nämlich um dem Vater für das zu danken, was er in seinem und durch seinen Sohn getan hat!

Die gedenkend-dankende Darbringung (V 11)

Mit V 11 beginnt zwar nicht ein völlig neuer Abschnitt – und insofern darf die Zäsur, welche mit der hier gewählten Überschrift »Die Darbringung« gesetzt ist, nur mit Einschränkung erfolgen –, aber es wird doch ein neuer Akzent eingebracht: *»Ge-*

denkend also seines Todes und seiner Auferstehung bringen wir dir das Brot und den Kelch dar.« Dieses Motiv geht ganz organisch aus dem vorausliegenden Abschnitt des Gebetes hervor, der ja von der Stiftung der Gedächtnisfeier durch Jesus und dem Auftrag, den der Herr damit verbunden hat, handelt. Was an Heilsgeschehen in der Geschichte zurückliegt und wofür die Kirche eben gedankt hat, daran knüpft sie nun an: Heilsvergangenheit wird für sie so Heilsgegenwart. Bemerkenswert ist dabei: Auch dieses Anknüpfen an die Heilsgeschichte ist verbunden mit dem Motiv »Danksagung«. Die Verba in diesem V 11 sind offenkundig mit viel Bedacht gewählt:

»Memores igitur mortis et resurrectionis eius	V 11a	»Gedenkend also seines Todes und seiner Auferstehung
offerimus tibi panem et calicem	V 11b	bringen wir dir Brot und Kelch dar
gratias tibi agentes ...«	V 11c	dir dankend ...«

Die Darbringung der Gaben geschieht unter Danksagung; und beides – die danksagende Darbringung – lebt wiederum zur Gänze aus dem Gedenken des Heilsgeschehens, das in der Vergangenheit grundgelegt worden ist.

Die Bitte (VV 12–13)

Nun kommt erstmals und zugleich das einzige Bitt-Motiv ins Gebet. Für dessen Interpretation ist wichtig, daß man von vornherein beachtet: Zur Sprache kommt dieses Bitt-Motiv erst, nachdem zuvor und ausführlich die dankende, preisende Anamnese des Christus-Geschehens vollzogen worden ist.

Was sind nun die einzelnen Elemente dieses Bitt-Motivs? Man kann sich fürs erste an der Vers-Einteilung orientieren: Es geht einmal um die *»Opfergabe«* (= Brot und Kelch: V 12) und es geht zum anderen um die zur Feier *»Versammelten«* (= *»alle«*: V 13). Aber die eigentliche Sinnspitze dieser beiden Bitt-Elemente kommt erst dann in den Blick, wenn man bei V 13 zu lesen beginnt. Das Ziel der Bitte ist nämlich: Alle, die vom »*Heiligen*« (= »*Brot und Kelch*«: V 11b) empfangen, mögen »*erfüllt werden vom Heiligen Geist*«. Und damit dies geschehen kann, möge der Vater seinen Heiligen Geist auf eben diese Gaben herabsenden. Kurz: Die Herabkunft des Geistes auf Brot und Kelch wird nicht um dieser Gaben selbst willen erbeten, sondern um der gläubigen Menschen willen, die diese Gaben empfangen und verzehren. Sie – die zur Feier versammelten Christen! – mögen erfüllt werden vom Geist Gottes, damit ihr »*Glaube in der Wahrheit*« gestärkt werde (V 13d).

Dabei gibt es – ähnlich wie in V 11 – eine dichte motivische Verflechtung. Das Heilsgeschehen, welches sie in der Eucharistiefeier dankend erbitten, umschreiben die Christen damals so:

»in unum congregans ...	V 13a	»in Einheit versammel(t werde)n ...
percipere sanctis ...	V 13b	vom Heiligen empfangen ...
repletio spiritus sancti ...«	V 13c	voll werden vom Heiligen Geist.«

Schlußdoxologie (V 14)

Wenngleich große Gebete regelmäßig auf diese Weise beschlossen werden – auch in der *Traditio Apostolica*[16] –, so wird man diese Doxologie dennoch nicht zu sehr als bloße Floskel betrachten dürfen. Denn V 14a macht ersichtlich: Die Doxologie ist zunächst Abschluß des Bitt-Elementes, welches unmittelbar vorausgeht; was die Gemeinde von Gott erbittet, möge geschehen, »*auf daß wir dich loben und preisen*«. Die Bitte der feiernden Kirche um das Heilshandeln Gottes hat wiederum dessen Lobpreis zum Ziel! Zugleich ist diese Doxologie Abschluß des *ganzen* Gebetes. Und auch das ist bezeichnend für dessen Grundcharakteristik: Mit der Aufforderung zu Dank und Lobpreis wird dieses Große Gebet eingeleitet, mit dem gleichen Motiv schließt es.

2.3 Nochmals: *Justin*

Zum Abschluß dieser Kurzanalyse sei nochmals zurückgeblendet zu *Justin*. In seiner Schrift *»Dialog mit dem Juden Tryphon«* kommt *Justin* wiederum auf die Eucharistiefeier zu sprechen.[17] Diese, so führt er dort aus, ist vom Herrn selbst gestiftet, und zwar als Gedächtnisfeier seiner Passion. Und er nennt dabei Motive des Großen Dankgebetes über Brot und Kelch. Gedankt wird – und zwar, wie *Justin* interessanterweise ausdrücklich anmerkt, der Absicht Jesu selbst(!) entsprechend – für die Schöpfung und für die Befreiung vom Bösen, die geschehen ist durch den, der dem Willen des Vaters entsprochen und gelitten hat. Schließlich: *Justin* sieht die Eucharistiefeier im Sinnzusammenhang eines Opfers, freilich in einem ganz spezifischen Sinn. Die *»von uns Heiden Gott dargebrachten Opfer«* sind nämlich das Brot und der Kelch der Eucharistie; auch *Hippolyt* nennt in seiner Eucharistia Brot und Kelch ja eine *»Opfergabe«*.[18] Was man hier von *Justin* über die Grundcharakterisierung der Eucharistiefeier und die Kernmotive des Großen Dankgebetes über Brot und Wein erfährt sowie die große Übereinstimmung mit dem Modell-Gebet der *Traditio Apostolica* zeigen, daß deren *Eucharistia* über den Charakter eines bloß privaten Entwurfes weit hinausreicht und in der Tat als typisches Zeugnis damaliger kirchlicher Gottesdienst-Praxis beansprucht werden kann. Die folgende Synopse möge dies abschließend verdeutlichen (s. S. 132f).

2.4 Die Brücke in die Gegenwart: das Zweite Hochgebet unseres Meßbuchs und die Zweiteilung der Epiklese

Es ist freilich zu vermerken, daß das *Zweite Hochgebet* unseres Meßbuchs gegenüber seiner Urfassung textliche Veränderungen aufweist. Diese sind von unterschiedlichem Gewicht. Im folgenden kann aus Raumgründen nur von einer Modifikation kurz die Rede sein: von der Zweiteilung der Epiklese.

Erste Beobachtung

In der *Traditio Apostolica* ist die Epiklese noch als kompakte Einheit gestaltet: Bitte um Sendung des Heiligen Geistes auf Brot

1) *Stiftung der Eucharistiefeier* durch den Herrn	
Justin	Traditio Apostolica
XLI,1: »Das Opfer des Weizenmehles, welches nach der Überlieferung für die vom Aussatz Gereinigten dargebracht wurde, war ein Vorbild des Brotes der Eucharistie (Danksagung), deren Feier Jesus Christus, unser Herr, angeordnet hat ...«	*V 8–10:* (Proklamation der Stiftung): »Während er sich dem Leiden auslieferte, ... nahm er Brot ... und sprach: ... tut mein Gedächtnis.«

2) Die Eucharistiefeier ist *Memoria der Passio Domini*	
Justin	Traditio Apostolica
XLI,1: »Das Opfer des Weizenmehles ... war ein Vorbild des Brotes der Eucharistie (Danksagung), deren Feier Jesus Christus, unser Herr, angeordnet hat zur Erinnerung an das Leiden, das er erduldete ...«	*V 7:* Proklamation der Passion *V 10c:* »Wenn ihr dies tut, tut mein Gedächtnis ...«

3) »Danksagung« als *thematischer Grundzug* des Großen Gebetes über Brot und Wein	
Justin	Traditio Apostolica
XLI,1: »Das Opfer des Weizenmehles ... war ein Vorbild des Brotes der Eucharistie (Danksagung), deren Feier Jesus Christus, unser Herr, angeordnet hat ... *Er wollte nämlich, daß wir Gott Dank sagen* ...«	*Einleitungsdialog:* »Laßt uns danken dem Herrn ...« *V 1:* »Wir sagen dir Dank, Gott ...«

4) Die *Motive der Danksagung*

Justin	Traditio Apostolica
XLI,1: »Er wollte nämlich, daß wir *Gott Dank sagen* sowohl *dafür, daß er die Welt mit allem, was in ihr ist, um des Menschen willen erschaffen hat,*	*V 1:* Wir sagen dir Dank . . . *V 4:* durch ihn hast du alles gemacht . . .
XLI,1: *wie dafür, daß er uns von der Sünde, in der wir lebten, befreit hat,*	*V 7d:* um diejenigen vom Leiden zu befreien, welche an dich glauben . . .
XLI,1: als auch *dafür, daß er die Mächte und Kräfte* durch den, der nach seinem Willen leidensfähig geworden ist, *vollständig niedergeschlagen hat.«*	*V 8b:* um den Tod zu vernichten und die Ketten des Satans zu zerreißen . . .
XLI,1: ». . . als auch dafür, daß er die Mächte und Kräfte *durch den, der nach seinem Willen leidensfähig geworden ist,* vollständig niedergeschlagen hat.«	*V 7a:* Deinen Willen erfüllend . . . hat er, während er litt, seine Hände ausgebreitet . . .

5) Das *»Opfer«-Motiv* der Eucharistiefeier

Justin	Traditio Apostolica
XLI,3: »Diese Prophezeiung bezieht sich auf die *von uns* Heiden Gott an jedem Orte *dargebrachten Opfer, das ist auf das Brot der Eucharistie und ebenso auf den Kelch der Eucharistie.«*	*V 12:* »Und wir bitten, daß du deinen Heiligen Geist auf die Opfergabe der heiligen Kirche sendest.«

und Wein, auf daß diejenigen, die von diesen Gaben essen und trinken, voll werden vom Heiligen Geist:

12 a Und wir bitten,
b daß du deinen Heiligen Geist
auf die Opfergabe der heiligen Kirche sendest.

13 a Indem du sie in Einheit versammelst,
b gib allen, die vom Heiligen empfangen,
c daß sie voll werden vom Heiligen Geist
d zur Stärkung des Glaubens in der Wahrheit ...

Für jeden, der diese Strophe des Hochgebetes liest oder hört, ist – eben wegen der Einheit der Komposition und der damit ermöglichten Unmittelbarkeit der Gedankenführung – sofort offenkundig, was denn das Ziel ist, wenn auf Brot und Wein der Geist Gottes herabgerufen wird: dies nämlich, daß die Gläubigen von eben diesem Geist erfüllt werden mögen, wenn sie vom Brot der Eucharistie essen und vom Wein der Eucharistie trinken.
Im *Zweiten Hochgebet* hingegen ist dies bei weitem nicht mehr so klar erkennbar. Dies hat seinen Grund vor allem darin, daß die Epiklese nunmehr zweigeteilt ist: Bitte um Geistsendung auf die Gaben einerseits und Bitte um Anteilgabe an den Gaben mit Geisterfüllung der Feiernden andererseits. Es kommt hinzu: Der erste Teil der Epiklese – die Bitte um Geistsendung auf die Gaben – hat sich zugleich gewissermaßen verselbständigt, insofern er nämlich nunmehr von der zweiten epikletischen Strophe textlich weit abgesetzt ist. Die ausführliche Gebetsrede von der Stiftung der Eucharistiefeier – der sogenannte Einsetzungsbericht – und die anschließende gedenkend-dankende Darbringung der Gaben liegen dazwischen. Daß die erste epikletische Strophe erst in der zweiten zum Ziel kommt, erkennt man erst, wenn man die Urfassung dieses Hochgebetes zugrundelegt und den Text zudem geschrieben vor sich hat. Wer – wie die versammelte Gemeinde – vor allem auf den hörenden Mitvollzug des Hochgebetes angewiesen ist, wird dies hingegen kaum wahrnehmen können:

		Traditio Apostolica Eucharistia	Meßbuch Zweites Hochgebet
			1. Teil der einen Bitte: *Geistsendung auf Brot und Wein* (»Wandlung«): Ja, du bist heilig . . . *Darum bitten wir dich: Sende deinen Geist auf diese Gaben herab und heilige sie,* *damit sie uns werden Leib und Blut deines Sohnes, unseres Herrn Jesus Christus.*
		Eine einzige Bitte: *Geistsendung auf Brot und Wein zur Geisterfüllung der Gläubigen:*	
12	a	*Und wir bitten,*	Denn am Abend, an dem er ausgeliefert wurde . . .,
	b	*daß du deinen Heiligen Geist auf die Opfergabe der heiligen Kirche sendest.*	nahm er das Brot . . .
13	a	*Indem du sie in Einheit versammelst,*	
	b	*gib allen, die vom Heiligen empfangen,*	
	c	*daß sie voll werden vom Heiligen Geist*	Darum, gütiger Vater, feiern wir das Gedächtnis . . . deines Sohnes . . .
	d	*zur Stärkung des Glaubens in der Wahrheit,*	
14	a	auf daß wir dich loben und preisen durch deinen Sohn Jesus Christus . . .	Wir danken dir, daß du uns berufen hast, vor dir zu stehen und dir zu dienen.
			2. Teil der einen Bitte: *Geisterfüllung der Gläubigen* *Wir bitten dich:* *Schenke uns Anteil an Christi Leib und Blut* *und laß uns eins werden durch den Heiligen Geist . . .*

Zweite Beobachtung
Die erste Strophe der Epiklese ist im *Zweiten Hochgebet* ausladender gestaltet, textlich und damit auch inhaltlich erweitert. Denn nunmehr beten wir ja so:

»Sende deinen Geist auf diese Gaben herab *und heilige sie, damit sie uns werden Leib und Blut deines Sohnes, unseres Herrn Jesus Christus ...*«

Daß Brot und Wein zu Leib und Blut des Herrn werden mögen, ist in der *Traditio Apostolica* so noch nicht gesagt. Nicht daß die Formulierung des *Zweiten Hochgebetes* – für sich genommen – schon problematisch wäre. Sie ist es keineswegs, sofern man nur die Sprachebene, auf der diese Aussage formuliert wird, recht betrachtet. Aber: Es wäre nun erst recht erforderlich, daß diese erste Strophe der Epiklese unmittelbar mit der zweiten fortgesetzt würde:

»Sende deinen Geist auf diese Gaben herab
und heilige sie, damit sie uns werden Leib und Blut deines Sohnes, unseres Herrn Jesus Christus.
Und wir bitten dich:
Schenke uns Anteil an Christi Leib und Blut
und laß uns eins werden im Heiligen Geist.«

Würde so formuliert, wäre – wie in der Eucharistia der *Traditio Apostolica* – von vornherein die personale Dimension dessen klargestellt, was wir erbitten: Nicht um der Gaben selbst willen wird auf diese der Geist Gottes herabgerufen, sondern um der Gläubigen willen, die von diesen Gaben verkosten. Geistsendung auf Brot und Wein ist hierzu sozusagen nur das Medium; Ziel ist die Geisterfüllung der Gläubigen! Da aber im *Zweiten Hochgebet* statt dessen die erste epikletische Strophe zunächst einmal für sich selbst abgeschlossen wird und erst sehr viel später in der zweiten Strophe ihre Fortsetzung und ihr Ziel findet, ist von vornherein ein statisches und materielles Mißverständnis dessen, was wir »Wandlung« in der Eucharistiefeier, Transsubstantiation, zu nennen gewohnt sind, insinuiert: so, als ginge es primär um ein Handeln Gottes an Brot und Wein statt – vermittels der Gaben –

um ein Handeln Gottes an der versammelten Kirche, als ginge es primär um Wandlung der Gaben statt um Wandlung derer, die von diesen Gaben verkosten, also vom Brot und vom Wein der Eucharistie essen und trinken.

Um die angesprochenen Mißverständlichkeiten und Nachteile zu vermeiden, bedürfte das *Zweite Hochgebet* nur geringfügiger Veränderungen. Unter fast gänzlicher Beibehaltung seines derzeitigen Textbestandes könnte es etwa so lauten:

Vorsteher:
»In Wahrheit ist es würdig und recht, dir, Herr,
heiliger Vater, immer und überall zu danken
durch deinen geliebten Sohn Jesus Christus.

Er ist dein Wort, durch ihn hast du alles erschaffen.
Ihn hast du gesandt als unseren Erlöser und Heiland.
Er ist Mensch geworden durch den Heiligen Geist,
geboren von der Jungfrau Maria.
Um deinen Ratschluß zu erfüllen und dir ein heiliges Volk zu erwerben,
hat er sterbend die Arme ausgebreitet am Holze des Kreuzes.
Er hat die Macht des Todes gebrochen
und die Auferstehung kundgetan.
Darum preisen wir dich mit allen Engeln und Heiligen und singen vereint mit ihnen das Lob deiner Herrlichkeit:
Alle:
Heilig, heilig, heilig, Gott, Herr aller Mächte und Gewalten.
Erfüllt sind Himmel und Erde von deiner Herrlichkeit.
Hosanna in der Höhe. Hochgelobt sei, der da kommt im Namen des Herrn. Hosanna in der Höhe.

Vorsteher:
Heiliger Gott, am Abend, an dem dein Sohn ausgeliefert wurde und sich aus freiem Willen dem Leiden unterwarf, nahm er das Brot und sagte Dank, brach es, reichte es seinen Jüngern und sprach: ›Nehmt und eßt alle davon: Das ist mein Leib, der für euch zerbrochen wird.‹ Ebenso nahm er nach dem Mahl den Kelch, dankte wiederum, reichte ihn seinen Jüngern und sprach:

›Nehmt und trinkt alle daraus: Das ist der Kelch des neuen und ewigen Bundes, mein Blut, das für euch und für alle vergossen wird zur Vergebung der Sünden. Tut dies zu meinem Gedächtnis.‹

Diakon:
Geheimnis des Glaubens.
Alle:
Deinen Tod, o Herr, verkünden wir, und deine Auferstehung preisen wir, bis du kommst in Herrlichkeit.

Vorsteher:
Darum, gütiger Vater, feiern wir das Gedächtnis des Todes und der Auferstehung deines Sohnes
und bringen dir so [das] Brot und [den Kelch mit] Wein dar.
Wir danken dir, daß du uns berufen hast, vor dir zu stehen und dir zu dienen.

Und wir bitten dich:
Sende deinen Geist auf diese Gaben herab und heilige sie,
damit sie uns werden Leib und Blut deines Sohnes, unseres Herrn Jesus Christus.
Schenke uns Anteil an Christi Leib und Blut
und laß uns eins werden durch den Heiligen Geist.

Gedenke deiner Kirche auf der ganze Erde ...
... daß wir dich loben und preisen durch deinen Sohn Jesus Christus.
Durch ihn und mit ihm und in ihm ...«

Eine Anmerkung zur Terminologie
Schließlich sei in diesem Zusammenhang noch angefügt: In der theologischen Fachsprache ist es üblich geworden, die erste Strophe der Epiklese als »Wandlungs-Epiklese« zu bezeichnen, und die zweite als »Kommunion-Epiklese«. Daß eine solche Nomenklatur die eben aufgezeigten nachteiligen eucharistie-theologischen Implikationen nur noch verstärkt und fortschreibt, statt sie überwinden zu helfen, liegt auf der Hand.

Schlußbemerkung
Die eben erfolgten Erörterungen sollen nicht vergessen lassen, daß der Textbestand der Eucharistia, wie sie die *Traditio Apostolica* überliefert, so gut wie vollständig in das *Zweite Hochgebet* unseres Meßbuches eingegangen ist. Das bedeutet, und darauf vor allem kommt es hier an: Wie die *Traditio Apostolica* mit ihrem Modell-Text für ein eucharistisches Hochgebet, so macht auch unser Meßbuch – eben und gerade durch die Übernahme dieses frühkirchlichen Modell-Gebetes – klar: Das große Gebet über Brot und Wein ist in seinem Wesen, in seinem Kern, vor allem Lobpreis und Danksagung, preisend-bittende Anamnese des Heilshandelns, welches Gott in Jesus Christus verwirklicht hat. Wohl erfordern die erörterten textlichen Modifikationen, daß man sie den Pfarrgemeinden entsprechend erschließt, sei es, um falschen Schlußfolgerungen vorzubeugen, oder um noch nicht bewältigte Engführungen, wie sie uns bezüglich der Theologie und der Spiritualität der eucharistischen Liturgie seit dem Mittelalter zugewachsen sind, endlich zu überwinden.

2.5 Resümee

Die Frage nach der intentionalen und motivischen Prägung der Eucharistiefeier und ihrer Grundvollzüge – die Frage also: »Was tun Christen, wenn sie Eucharistie feiern, aus welchem Grund und in welcher Absicht geschieht dies, welche Motive bestimmen diese ihre Liturgie?« – muß man mit *Justin* und der *Traditio Apostolica*, aber genauso mit unserem heutigen *Meßbuch* etwa folgendermaßen beantworten:

1. Die Eucharistiefeier ist in ihrem Wesen, in ihrem Kern also und vor allem anderen, Anbetung Gottes, genauer: sie ist preisend-bittende, also doxologische Anbetung Gottes.
2. Die Anbetung in der Eucharistie ist christologisch begründet und christologisch ausgerichtet: Sie erfolgt ob des Heilshandelns Gottes in Jesus Christus! Eucharistische Liturgie ist somit die Proklamation – genauer: die doxologische (!) Proklamation – des Christus-Bekenntnisses und als solche die preisend-bittende Feier christlicher Weltsicht und christlicher Weltdeutung.

3. *Ausblick auf die pastorale Situation der Gegenwart*

3.1 Schlußfolgerungen für die Praxis

Beleuchtet man von hierher die pastorale Situation, so wird man wohl sagen müssen: Der Durchschnitt der Mitglieder unserer Kirche würde die Eucharistiefeier kaum in der eben resümierten Weise beschreiben und charakterisieren. Was ist da zu tun?

1. Zuallererst erhebt sich die Frage: Was sollte uns davon abhalten, mit den Gläubigen unserer Kirche – und zwar mit den Erwachsenen ebenso wie mit den Kindern und Jugendlichen – über die Eucharistiefeier in entsprechender Direktheit, Einfachheit und Klarheit zu reden? Etwa so:

   Eucharistie zu feiern bedeutet:

   1. Wir *sagen Gott*, dem Allmächtigen, *Dank* und *preisen* ihn *für seinen Sohn Jesus Christus.*
      Wir preisen ihn, weil
      – er durch Jesus Christus die Welt erschaffen hat,
      – sein Sohn für uns Mensch geworden ist,
      – für uns gelitten hat und vom Tode erstanden ist,
      – Jesus Christus uns die Eucharistiefeier gestiftet hat.

   2. Um Gott so zu danken und ihn zu preisen, *bringen wir unsere Gaben.*

   3. Und *wir bitten ihn:*
      »– Erfülle uns mit deinem Geist, wenn wir von den geheiligten Gaben empfangen,
      – und verbinde uns in Einheit und Gemeinschaft mit Jesus Christus und untereinander ...

   4. ... auf daß wir dich loben und preisen durch deinen Sohn Jesus Christus ...!«

   Eine solche Zusammenfassung ist nicht nur der eucharistischen Liturgie unserer Kirche völlig adäquat – wie die obigen Erörterungen gezeigt haben –, sie ist es auch im Hinblick auf die Mitglieder unserer Kirche, und zwar gleich welchen Alters.

Oder was darin wäre etwa für Kinder zu schwierig und für Erwachsene zu kindlich? Übrigens: Auf diese Weise wäre zugleich ein Beitrag geleistet zur Überwindung der vielfach beklagten »Sprachlosigkeit«, die es zwischen den Generationen bezüglich Glaube und Liturgie unserer Kirche zu geben scheint.

2. Was sollte daran hindern, den Gläubigen unserer Kirche – und wiederum den Erwachsenen ebenso wie den Kindern und Jugendlichen – Schilderungen der Eucharistiefeier, wie sie uns ein *Justin* oder eine *Traditio Apostolica* hinterlassen haben und wie wir sie genau so auch unserem *Meßbuch* entnehmen können, unmittelbar an die Hand zu geben?
3. Und es kommen Implikationen in den Blick. Eine betrifft die inhaltliche Akzentuierung der *Kommunion-Katechese:* Hinführung zur vollen Teilnahme an der Eucharistiefeier muß zuallererst zum Ziel haben, mit Jesus Christus vertraut zu machen, denn Er ist in jeder Hinsicht die Mitte der Eucharistiefeier. Das Stichwort *»Eucharistiefähigkeit«*, das in unseren Tagen nicht zu Unrecht häufig genannt wird, erhält von hierher seine spezifische Akzentuierung. Nach Eucharistiefähigkeit zu fragen, heißt vor allem danach zu fragen, ob die Betreffenden Jesus Christus so kennengelernt haben, daß sie – zumindest in ausreichendem Maße – zur Überzeugung gekommen sind, sie sollen und wollen den Allmächtigen Gott ob dieses seines Sohnes Jesus Christus preisend-bittend anbeten. Dies können Neunjährige und Fünfzehnjährige – jeweils innerhalb des Horizontes ihres Lebensalters – genauso wie Erwachsene. Was immer unter dem Stichwort »Eucharistiefähigkeit« sonst noch und durchaus zurecht belangvoll erscheint, ist an diesem vorausliegenden Kriterium zu messen!

3.2 Alternativen?
Ein Blick in eine private Handreichung zur Gestaltung von Eucharistiefeiern

Es fehlt freilich nicht an Vorschlägen, im Hinblick auf die pastorale Situation auch ganz anders zu reagieren. Die eingangs zitierte

Handreichung von *Erwin Utters* etwa, um bei diesem Exempel zu bleiben, enthält auch Hochgebete, zum Beispiel folgendes:

»Guter Gott, alles, worüber wir uns freuen, kommt von dir. Du hast uns reich beschenkt. Wir wollen nicht vergessen, dir zu danken. Wir danken dir heute besonders für die Mutter, für den Vater und alle Menschen, mit denen wir leben, auch für die Mitschüler und die Lehrer. Alle bemühen sich, damit wir offene Augen bekommen für das, was das Leben bietet, und offene Ohren für das, was das Leben fordert.
Hilf uns, daß wir anderen Menschen von unserer Lebensfreude mitgeben. Denn dann ist unser Feiern erst richtig schön. Du willst, daß alle Menschen von Herzen froh sind. Wir wollen trotz aller schrecklichen Dinge, die in der Welt passieren, die Freude nicht vergessen.
Wir singen dir unseren Dank jetzt in einem Lied.
Heilig
Menschen, die miteinander singen, zeigen: Wir haben etwas gemeinsam. Wir stellen uns aufeinander ein. Wir geben uns miteinander Mühe. Wir versuchen, im gleichen Takt zu bleiben. Oft erfahren Menschen, die miteinander singen: Im Lied ergänzen wir uns gegenseitig. Wenn alle Stimmen zusammenklingen, ist der Gesang voll und schön. Miteinander singen ist also auch ein Zeichen dafür, daß wir nicht gegeneinander leben wollen. Unser Leben soll sein wie ein Lied, in dem Menschen sich zusammenfinden, aufeinander achten und beieinander bleiben.
Ein anderes, noch deutlicheres Zeichen ist das Mahl, das wir jetzt halten. Es ist ein Zeichen dafür, daß Jesus sich selbst für uns hingegeben hat. Damit wollte er sagen: Geteiltes Leid ist halbes Leid, geteilte Freude ist doppelte Freude.
Am letzten Abend seines Lebens saß Jesus mit seinen Freunden zusammen. Da nahm er Brot und sagte Dank. Er brach das Brot und teilte es an sie aus. Dabei sprach er: Nehmt und eßt alle davon, das ist mein Leib, der für euch hingegeben wird.
Ebenso nahm Jesus den Kelch, sagte noch einmal Dank und gab ihn den Jüngern zu trinken. Dabei sagte er: Das ist der Kelch des

neuen und ewigen Bundes, mein Blut, das für euch und für alle vergossen wird zur Vergebung der Schuld.
Tut das immer zu meinem Gedächtnis.
Jesus ist gestorben und auferstanden. Jetzt gibt es neues Leben für uns. Wenn alle so leben, wie Jesus will, dann hören Armut und Hunger bald auf, dann gibt es nur noch frohe Menschen, wenn wir das Leid und die Freude teilen.
Durch Jesus und sein Mahl soll es in dieser Welt besser und schöner werden. Wir bitten deshalb um seinen Geist.
Durch Jesus, mit ihm und in ihm, in seinem Geist sind wir deine Gemeinde und halten wir zusammen, und dadurch ehren wir dich, unseren Gott.
Wir sprechen das Tischgebet!
Vater unser.«[19]

Vor dem Hintergrund der obigen Darlegungen ist unverkennbar: Dieser Vorschlag aus der Feder von *Erwin Utters* geht am inhaltlich-motivischen Proprium des eucharistischen Hochgebetes – und eucharistischer Liturgie überhaupt – weithin vorbei. Mehr noch: Er macht das Hochgebet zu einer recht unverblümten Paränese. So instrumentalisiert und verfremdet man Liturgie, beraubt sie ihrer ureigenen Dimension als preisend-bittender Anbetung Gottes. Hinzu kommt: Während im Zuge der zurückliegenden Reform die akklamatorische Beteiligung der Gemeinde an den sakramentlichen Kerngebeten – daher auch am Hochgebet der Eucharistiefeier – verstärkt worden ist, wird sie in diesem Vorschlag gravierend reduziert: Der Gemeinde bleibt nur das Sanctus! Wer sich die ekklesiale Grunddimension jeglicher Liturgie und damit die Bedeutsamkeit der akklamatorischen Beteiligung der Gemeinde an den Gebetsvollzügen in Erinnerung ruft, muß sagen: Mit dem Vorschlag von *Erwin Utters* wird gerade die gemeindlich-kirchliche Dimension der Liturgie reduziert, diese somit erneut klerikalistischer Engführung ausgesetzt und ein wichtiger Reformschritt zurückgenommen. Dafür wiederum verknüpft der Autor das Vaterunser in völlig falscher Weise unmittelbar mit dem Hochgebet – so, als wäre es dessen Fortsetzung, was jedoch gerade nicht zutrifft. Würde man doch nur ins Meßbuch schauen!

Solche Vorlagen aus privater Feder werden erst recht zum Ärgernis, wenn man bedenkt, daß wir mit den *Hochgebeten für Meßfeiern mit Kindern* ungleich bessere – und noch dazu offiziell genehmigte – Gebete haben. Wenn Verlage gleichwohl solche privaten Vorschläge publizieren, dann deshalb, weil es dafür einen Markt gibt, d. h. weil es Seelsorger gibt, die solches kaufen und – ohne Autorisierung – verwenden. Übrigens: Erfahrungen in Kirchen der Reformation lehren hinlänglich, wohin solche Wege führen.

4. Das Brotbrechen

4.1 Drei Vorbemerkungen

4.11 Zur Terminologie

Der Terminus »Kommunion« meint zunächst die Handlung des Essens und Trinkens von den eucharistischen Gaben. Unser Meßbuch gebraucht diesen Begriff allerdings auch als Bezeichnung für einen größeren Handlungskomplex der eucharistischen Liturgie, welcher folgende Elemente umfaßt (vgl. Meßbuch. Feier der Gemeindemesse S. 511–529):

Vaterunser
Embolismus
Friedensgebet und Friedensgruß
Brotbrechen
Kommunion (= Reichen, Essen und Trinken von Brot und Wein)
Schlußgebet.

Es ist indessen von vornherein zu beachten, daß die so zusammengefaßten Handlungselemente von recht unterschiedlichem Gewicht sind. Denn nach den neutestamentlichen Stiftungsberichten und den Schilderungen frühkirchlicher Praxis sieht die Grundgestalt der Eucharistiefeier ja so aus:

Herbeibringen der Gaben
Großes doxologisches Gebet über den Gaben
Brotbrechen
Reichen von Brot und Wein zum Essen und Trinken.

Daraus folgt: In dem Handlungskomplex, den das Meßbuch mit »Kommunion« überschreibt, stellen das Brotbrechen sowie das Essen und Trinken der eucharistischen Gaben die Kernvollzüge dar und sind entsprechend zu profilieren. Das Vaterunser und das Friedensgebet mit dem Friedensgruß sind demgegenüber von nachrangiger Bedeutung – nur entfaltende Elemente – und daher entsprechend in den Hintergrund zu rücken; Vergleichbares gilt vom Schlußgebet.

4.12 Brotbrechen und Kommunion sind sakramentliche *Bild*-Handlungen

Für jede Sakramentenfeier gilt: Was die feiernde Kirche zunächst durch das Große sakramentliche Gebet *worthaft* artikuliert, dem gibt sie in der anschließenden sakramentlichen Symbolhandlung leibhaftige, also symbolische Gestalt. Für die Eucharistiefeier ist damit gesagt: Das Große doxologische Gebet über den Gaben mündet ein in das Brotbrechen und die Kommunion. Also: Was im Hochgebet worthaft artikuliert wird – die preisend-bittende Anbetung Gottes zum Gedächtnis des Christus-Geschehens –, gewinnt in der anschließenden Kommunion – im Brotbrechen sowie im Essen und Trinken von den eucharistischen Gaben – symbolischen, d. h. leibhaftig verdichteten Ausdruck.[20] Aus Raumgründen müssen sich die folgenden Darlegungen auf das Brotbrechen beschränken.

4.13 Eine methodische Anmerkung

Mit der eben vorausgegangenen Bemerkung ist schon gesagt: Für die Sinndeutung des Brotbrechens und der Kommunion als den Symbolhandlungen der eucharistischen Liturgie ist das Hochgebet eine vorrangige Quelle. In ihm wird proklamiert, was das Zerbrechen, das Reichen, Essen und Trinken der eucharistischen Gaben bedeuten.

Der Deutungsrahmen ist indessen noch größer. Für das Hochgebet gilt: Die neutestamentlichen Stiftungserzählungen weisen zwar aus, welcher Gebets-Gattung das Hochgebet entstammt, eben der Beraka und der Eulogie. Über die motivisch-thematische Prägung des Hochgebetes hingegen geben erst frühkirchliche Dokumente

Auskunft; wollte man solches aus der neutestamentlichen Überlieferung erschließen, so wäre dies – trotz aller Kenntnis um die entsprechenden Gebetselemente eines jüdischen Festmahles – von vornherein in zu hohem Grad hypothetisch.
Anders liegen die Dinge hinsichtlich der eucharistischen Symbolhandlungen. Dies trifft nicht nur insofern zu, als sich aus der neutestamentlichen Überlieferung recht gut erschließen läßt, wie Jesus selbst die Symbolhandlungen des Brotritus und des Segensbechers verstanden hat.
Vor allem ist zu bedenken: Schon das Abschiedsmahl, das der Herr mit seinem Jüngerkreis hält, als solches, erst recht das Brotbrechen und der Becherritus als symbolische Handlungselemente dieses Abschiedsmahles sind nur im Kontext der Lebens- und Sendungsgeschichte Jesu verständlich. Ihre Sinndimensionen erschließen sich vor allem aus dem Wissen des Herrn um die messianische und damit eschatologische Bedeutung seiner Sendung, aus der Erfahrung, die ihm in der Wahrnehmung und Befolgung dieser seiner Sendung zuwächst, sowie aus den Konsequenzen, die er daraus zieht. Das bedeutet: Eine Sinndeutung des Brotbrechens und der Kommunion aus dem Kontext der heutigen Feiergestalt der Eucharistie muß je neu rückgebunden werden an die neutestamentliche Überlieferung.
Daher ist es angebracht, im folgenden zuerst wenigstens einige Hinweise auf die neutestamentliche Grundlegung vorauszuschikken. Dies geschieht im hiesigen Kontext freilich nur sehr skizzenhaft, so weit, wie es die Einordnung des Abschiedsmahles Jesu in dessen Lebens- und Sendungsgeschichte und die Sinnerschließung des Brotbrechens und der Kommunion als eucharistische Symbolhandlungen erfordern.

4.2 Hinweise zur neutestamentlichen Grundlegung[21]

4.21 Der lebens- und sendungsgeschichtliche Kontext des Abschiedsmahles Jesu

Mitte der Verkündigung Jesu: die Barmherzigkeit Gottes

Im Zentrum des Evangeliums Jesu von der anbrechenden Gottesherrschaft steht die Verkündigung der unermeßlichen Barmherzigkeit Gottes. *Matthäus* überliefert als Wort Jesu den Ruf: »... *lernt, was es heißt: Barmherzigkeit will ich, nicht Opfer ...*« (Mt 9,13), drei Kapitel später: »*Wenn ihr begriffen hättet, was das heißt: Barmherzigkeit will ich, nicht Opfer ...*« (Mt 12,7). Mit diesen Formulierungen ist zugleich auf Hos 6,6 verwiesen und mitgesagt: Was Jesus so nachdrücklich in das Zentrum seiner Verkündigung stellt, gehört zum Kern des jüdischen Gottesglaubens, war aber – aus welchen Gründen immer – bis zu seinen Lebzeiten offenbar weit ins Abseits und entsprechend ins Dunkel gerückt!

Eskalierender Konflikt, Unverständnis der Jünger und Todesprophetie
»Jesus besteht auf der Umkehr, der Hinwendung zu Gott in der Annahme seiner Barmherzigkeit.«[22] Die markinische Komposition läßt erahnen, wie früh der Konflikt sich anbahnt und eskaliert, in welchen Jesus damit gerät (vgl. Mk 3,1–6)[23], und wie ihm aus der Erfahrung seiner Ablehnung die Notwendigkeit seiner Passion zur Gewißheit wird. Die Leidensweissagungen (Mk 8,31ff; 9,30ff; 10,32ff) und das Gleichnis von den bösen Winzern (Mk 12,1–12) dokumentieren gleichermaßen das Unverständnis, auf welches Jesus damit selbst bei seinen Jüngern stößt, wie die Unbeirrbarkeit, mit der er seiner Sendung folgt: Alles, was ihn davon abbringen könnte, ist ihm satanische Versuchung, wie sein schroffes Wort an Petrus offenbart: »*Weg mit dir, Satan, geh mir aus den Augen! Denn du hast nicht das im Sinn, was Gott will, sondern was die Menschen wollen*« (Mk 8,33)!

Zusammenfassung
Die eben skizzierte Lebens- und Sendungsperspektive Jesu bündelt sich in jenem Wort, mit welchem der Herr – der markinischen Überlieferung folgend – seine dritte Todesprophetie beschließt (Mk 10,45p; vgl. 1 Tim 2,6), nach *Johannes* in der Brotrede und dem Gleichnis vom Guten Hirten (Joh 6.10):

Mk 10 (Schluß der 3. Todesprophetie):			
Vgl. 10,45 p:	»Mein Leben	–	als Lösegeld für viele!«

Joh 6 (Brotrede):			
Vgl. 6,51 a:	»Ich – das lebendige Brot	–	damit ihr in Ewigkeit lebt.«
Vgl. 6,51 c:	»Mein Fleisch	–	für das Leben der Welt.«
Vgl. 6,57:	»Durch mich	–	lebt ihr!«

Joh 10 (Gleichnis vom Guten Hirten):			
Vgl. 10,10:	»Ich –	–	damit sie das Leben haben ...«
Vgl. 10,11:	»Das Leben des Hirten	–	für die Schafe.«
= 10,10.11:	= »Mein Leben	–	für ihr (euer) Leben.«

4.22 Die Symbolhandlungen im Abschiedsmahl Jesu

Mit diesen wenigen Hinweisen ist der lebens- und sendungsgeschichtliche Hintergrund umrissen, der den Kontext darstellt für das Abschiedsmahl Jesu und der unverzichtbar ist, wenn man die Dimension der Symbolhandlungen, die der Herr dabei setzt, zutreffend erschließen will. Für die folgenden Feststellungen können die synoptischen Varianten im übrigen durchaus beiseite bleiben; auf eine Einbeziehung der johanneischen Überlieferung der Fußwaschung muß – so wichtig sie ist – aus Raumgründen verzichtet werden.

Erste Feststellung

Vor dem Hintergrund der eben skizzierten Beobachtungen ist unübersehbar, wie dicht das Abschiedsmahl des Herrn hineinverwoben ist in die Grundperspektive seines Lebens und seiner Sendung, so wie er sie selbst verstanden wissen will. Eine nochmalige stichwortartige Synopse möge dies verdeutlichen:

Mk 10 (Schluß der 3. Todesprophetie):			
Vgl. 10,45p:	»Mein Leben	–	als Lösegeld für viele!«

Joh 6 (Brotrede):			
Vgl. 6,51a:	»Ich – das lebendige Brot	–	damit ihr in Ewigkeit lebt.«
Vgl. 6,51c:	»Mein Fleisch	–	für das Leben der Welt.«
Vgl. 6,57:	»Durch mich	–	lebt ihr!«

Joh 10 (Gleichnis vom Guten Hirten):			
Vgl. 10,10:	»Ich –	–	damit sie das Leben haben ...«
Vgl. 10,11:	»Das Leben des Hirten	–	für die Schafe.«
= 10,10.11:	= »Mein Leben	–	für ihr (euer) Leben.«

Lk 22 (Abschiedsmahl):			
22,19:	»Mein Leib	–	für euch hingegeben.«
22,20:	»Mein Blut	–	für euch vergossen.«

Kurzum: Die Symbolhandlungen, die Jesus während seines Abschiedsmahles setzt – der Brotritus und die Becherhandlung –, sind zeichenhafte, symbolische Verdichtung seines Selbstverständnisses und seiner bis anhin verwirklichten Sendung.[24]

Zweite Feststellung

Die Symbolhandlungen Jesu während seines Abschiedsmahles sind zugleich – wie *Heinz Schürmann* formuliert – »eschatologische Erfüllungszeichen«[25], und zwar in zweierlei Perspektiven.

Zum einen: Mit seinem Abschiedsmahl nimmt Jesus seine Passion vorweg. Indem er seinen Jüngern das zerbrochene Brot und den Wein reicht, antizipiert er sein gewaltsames Sterben am Kreuz, das anderntags – eben in Erfüllung seiner Sendung – vollends Wirklichkeit wird: »Die Wendung ›Blut ausgießen‹ meint, ›jemanden gewaltsam zu Tode bringen, töten‹. Mit ›mein Blut, das ausgegossen wird‹, spricht Jesus von seinem Tod, von sich selbst (vgl. die Deutung des Brotes!), der gewaltsam zu Tode gebracht wird.«[26] Es ist daher wohl kein Zufall, daß sich bei *Lukas* wie bei *Paulus* in der Erzählung vom Abschiedsmahl jeweils der ausdrückliche Hinweis auf die unmittelbar bevorstehende Passion findet.[27] Übrigens leiten alle Hochgebete unseres Meßbuchs – auch jene im Ergänzungsfaszikel »Fünf Hochgebete«[28] – die Anamnese des Abschiedsmahles, den sogenannten Einsetzungsbericht, ebenfalls passions-motivisch ein!

Zugleich setzt Jesus die Abendmahlshandlung aus der Gewißheit heraus, daß er nicht im Tod bleiben wird. U. a. macht dies gerade die Prophetie, mit welcher er nach *Markus* das Becherwort beschließt, unzweifelhaft: »*Amen, ich sage euch: Ich werde nicht mehr von der Frucht des Weinstocks trinken bis zu dem Tag, an dem ich von neuem davon trinke im Reich Gottes*« (Mk 14,25). *Rudolf Pesch* dazu: »*Jesu Todesprophetie hat ihre Spitze in seiner Auferstehungsgewißheit.*«[29] Das bedeutet: Die Brot- und die Becherhandlung verheißen zugleich das Eschaton, symbolisieren, daß Jesus Anteil gibt an der Basileia Gottes, die mit seinem Kommen endgültig angebrochen ist.[30]

Den Leidensweissagungen ihres Herrn sind die Jünger recht verständnislos gegenübergestanden, wie die Evangelien unverblümt überliefern. Ob die Jünger sein Abschiedsmahl in der eben skizzierten Perspektive wirklich haben begreifen können, ist daher – trotz der Voraussetzungen, an die *Rudolf Pesch* zurecht erinnert[31] – wohl auch ungewiß; die Emmaus-Perikope, von der gleich zu reden sein wird, deutet möglicherweise ebenfalls in diese Richtung.

Dritte Feststellung

Die Deuteworte, die der Herr mit dem Brot- und dem Becherritus jeweils verknüpft, sind offenkundig Deutung der ganzen Symbolhandlung und nicht etwa nur des Brotes als solchem und des Weines als solchem: »Mein Blut – für euch vergossen«, so deutet und will Jesus es verstanden wissen, daß er den Jüngern seinen (!) Becher mit Wein reicht. Gleiches gilt für den Brotritus; bei *Lukas* heißt es denn auch ausdrücklich: »*Das ist mein Leib, der für euch hingegeben wird*« (Lk 22,19)![32]

Fazit

Beides – sein unmittelbar bevorstehendes gewaltsames Sterben und seine, von ihm selbst mit Gewißheit erwartete, Auferstehung – stellt den bestimmenden motivischen Rahmen dar für das Verständnis des Abschiedsmahles Jesu als ganzem und der darin von ihm gesetzten Symbolhandlungen des Brot- und des Becherritus im besonderen.

Notabene

Rudolf Pesch verweist auf die Wichtigkeit der Tatsache, daß die Überlieferung von der Stiftung der Eucharistiefeier in die Passionserzählung eingeordnet und das Abschiedsmahl somit »als eine der bedeutsamsten Stationen auf dem Leidensweg Jesu« zu verstehen ist.[33] Vor diesem Hintergrund sei nochmals kurz zur Eucharistia der *Traditio Apostolica* zurückgeblendet. Dort ist die Anamnese des Abschiedsmahles in das Gedenken der Passion integriert. Mehr noch: Die anamnetische Preisung der Passion beginnt in Vers 7 und mündet mit Vers 9 in die Proklamation der Abendmahls-Überlieferung, sodaß letztere den Höhepunkt der doxologischen Passions-Anamnese darstellt.[34] Dies ist nicht das einzige, wohl aber ein weiteres Indiz für die theologische Tiefe und Gediegenheit, mit welcher diese Eucharistia komponiert worden ist! Leider ist der eben genannte Zusammenhang im *Zweiten Hochgebet* unseres Meßbuchs – durch textliche Umstrukturierung – verloren gegangen.

4.23 Die Emmaus-Perikope (Lk 24,13–35)

Ausgangspunkt und entscheidender Kontext ist der gewaltsame Tod Jesu am Kreuz, den die beiden Jünger nur als Katastrophe und als Ende all ihrer Hoffnungen begreifen: »*Wir aber hatten gehofft, daß er der sei, der Israel erlösen werde*« (Lk 24,21). Der Hinweis ihres Weggefährten auf »*Mose und die Propheten*« und seine Bemühungen, ihnen daraus das Geschick des Messias zu erschließen, vermögen daran wenig zu ändern, wenngleich den

Jüngern dabei – wie sie einander hernach bekunden – das Herz *»brannte«* (Lk 24,32).
Erst als ihnen der Auferstandene das Brot bricht, *»da«*, so heißt es, *»gingen ihnen die Augen auf, und sie erkannten ihn«* (Lk 24,31). Indem die beiden Jünger in ihrem Weggefährten den Herrn »erkennen« – und zwar durch das Brotbrechen, in welchem sich ihnen der Gekreuzigte zugleich als Lebender offenbart –, erschließt sich ihnen anscheinend auch, was sie bisher weder hatten einordnen noch verstehen können und dessentwegen sie die Stadt verlassen hatten: das gewaltsame Ende des Lebens Jesu und seiner Sendung am Kreuz. Denn unverzüglich kehren die Jünger nun nach Jerusalem zurück und erzählen den übrigen, so wird abschließend ausdrücklich nochmals hervorgehoben, *»was sie unterwegs erlebt und wie sie ihn erkannt hatten, als er ihnen das Brot brach«* (Lk 24,35).

Fazit
Wie umfassend der Terminus »Brotbrechen« in dieser Perikope verstanden werden muß – ob in der Ganzheit von Symbolhandlung und vorausgehendem Gebet –, kann durchaus beiseite bleiben. Den Ausschlag gibt: Das »Brotbrechen« ist hier im wahren Sinn »Erschließungs«-Handlung, und zwar für das Pascha des Herrn durch Tod zum Leben, für sein Kreuz also ebenso wie für seine Auferstehung. Insofern bündeln sich geradezu in dieser lukanischen Überlieferung jene Sinn-Dimensionen, die Jesus selbst – wie vorhin skizziert – mit den Symbolhandlungen während seines Abschiedsmahles verbunden hat. Zugleich freilich mag die von *Lukas* überlieferte Begebenheit auch ein Indiz dafür sein, daß man im Jüngerkreis diese Sinn-Dimensionen zunächst möglicherweise noch ebensowenig hat begreifen können wie zuvor seine Todesprophetien.

4.3 Hinweise aus früher gottesdienstlicher Praxis[35]

Wir kehren zu gottesdienstlichen Quellen zurück. Wie bedeutsam und kennzeichnend das Brotbrechen für die eucharistische Liturgie ist, wird ferner daran ersichtlich, daß man in frühkirchlicher Praxis für die Anamnese des Abschiedsmahles in den eucharistichen Hochgebeten – für den sogenannten Einsetzungsbericht also – sogar in der Formulierung des Herrenwortes zum Brotritus den Vorgang des gewaltsamen Zerbrechens des Lebens Jesu aufgreift und ausdrücklich ins Wort bringt. Die *Traditio Apostolica, Serapion von Thmuis* († nach 362) und *Ambrosius von Mailand* († 397) sind hierfür Zeugen.

4.31 Nochmals: Die Eucharistia der *Traditio Apostolica*

Was zu dokumentieren ist, kommt am raschesten mit Hilfe einer Synopse von Eucharistia und *Zweitem Hochgebet* in den Blick:

Zweites Hochgebet (Missale Romanum 1970. ^{2}1975)	*Traditio Apostolica* (*Botte* 14; *Geerlings* 224f)
Qui cum Passioni voluntarie traderetur,	Qui cumque traderetur uoluntariae passioni . . .,
accepit panem	accipiens panem
et gratias agens fregit,	gratias tibi agens
deditque discipulis suis,	
dicens:	dixit:
Accipite et manducate ex hoc omnes:	Accipite, manducate,
Hoc est enim corpus meum,	hoc est corpus meum
quod pro vobis *tradetur* . . .	quod pro uobis *confringetur* . . .
Denn am Abend, an dem er ausgeliefert wurde und sich aus freiem Willen dem Leiden unterwarf,	*Als er sich freiwillig dem Leiden auslieferte . . .*
nahm er das Brot	*nahm er Brot,*
und sagte Dank,	*sagte dir Dank*
brach es,	
reichte es seinen Jüngern und sprach:	*und sprach:*
Nehmt und eßt alle davon:	*Nehmt, eßt,*
Das ist mein Leib,	*dies ist mein Leib,*
der für euch hingegeben *wird . . .*	*der für euch* zerbrochen *wird . . .*

4.32 *Serapion von Thmuis*[36]

Oratio oblationis Serapionis episcopi
(*Funk* 173–177, hier 175)

12. Tibi obtulimus hunc panem, similitudinem corporis unigeniti.

Hic panis sancti corporis est similitudo, quoniam Dominus Iesus Christus,

in qua nocte tradebatur,

accepit panem
ac fregit
deditque discipulis suis dicens:

Accipite et manducate,
hoc est corpus meum, quod pro vobis
frangitur in remissionem peccatorum.

4.33 *Ambrosius von Mailand*[37]

Erstes Hochgebet (»Canon Romanus«: MR S. 451)	*Ambrosius v.* M. (*Botte* 114; *Schmitz* 148 f)
Qui, pridie quam pateretur, accepit panem in sanctas ac venerabiles manus suas . . . tibi gratias agens benedixit, fregit, deditque discipulis suis, dicens:	Qui pridie quam pateretur, in sanctis manibus suis accepit panem . . . gratias agens benedixit, fregit, *fractum*que apostolis et discipulis suis tradidit dicens:
Accipite et manducate ex hoc omnes: Hoc est enim corpus meum, quod pro vobis *tradetur*.	Accipite et edite ex hoc omnes, hoc est enim corpus meum quod pro multis *confringetur*.
Am Abend vor seinem Leiden *nahm er das Brot in seine heiligen und ehrwürdigen Hände . . .,* *sagte dir Lob und Dank,* *brach das Brot,* *reichte* Es *seinen Jüngern* *und sprach:*	*Am Abend vor seinem Leiden* *nahm er das Brot in seine heiligen Hände . . .,* *sagte dir Lob und Dank,* *brach (es),* *und reichte das* Zerbrochene *den Aposteln* *und seinen Jüngern* *und sprach:*

Nehmt und eßt alle davon: *Das ist mein Leib,* *der für euch* hingegeben *wird …*	*Nehmt und eßt alle davon:* *Das ist mein Leib,* *der für viele* zerbrochen *wird …*

4.34 Erstes Fazit

1. Das Herrenwort zum Brotritus so zu formulieren, wie in den eben beigezogenen frühkirchlichen Hochgebeten geschehen – »mein Leib, für euch *zerbrochen*« –, ist alte Überlieferung, wie Varianten in den Textbezeugungen zu 1 Kor 11,24 belegen, und woran auch schon *Franz Nikolasch* erinnert hat.[38]
2. Daß mit dieser Formulierung des Herrenwortes zum Brotritus letzterer nicht etwa verfremdet, sondern nur in der vom Herrn gesetzten urtümlichen Sinndimension seines Abschiedsmahles insgesamt und der von ihm darin gesetzten Symbolhandlungen des Brot- und des Weinritus im besonderen profiliert wird, bedarf nach der obigen Skizze zur neutestamentlichen Grundlegung keiner weiteren Erörterung.
3. Das Brotbrechen ist – wie die anschließende Kommunion – eucharistische Bildhandlung: So wurde eingangs schon einmal formuliert. Die eben beigezogenen Beispiele frühkirchlicher Hochgebete sind ein bemerkenswertes Zeugnis für diese enge wechselseitige Beziehung von eucharistischer Wort- und eucharistischer Symbolhandlung. In der Formulierung der Anamnese des Abschiedsmahles greifen sie verbaliter auf, was in der anschließenden Brotbrechung auf non-verbale, auf leibhaftige, somit symbolische Weise seine Darstellung und Fortsetzung findet. Im Brotbrechen bildet sich ab, was mit dem Herrenwort zum Brotritus – »*Mein Leib – für euch (hingegeben; zerbrochen)*« – gesagt ist:

Eucharistische Worthandlung (Anamnese des Abschiedsmahles = »Einsetzungsbericht«)	*Eucharistische Bildhandlung* (Brotbrechen)
»Denn am Abend, an dem er ausgeliefert wurde . . ., nahm er das *Brot* und sagte Dank,	Das *Brot* wird *zerbrochen* – so, wie das *Leben* Jesu *zerbrochen worden ist.*
brach es, reichte es seinen Jüngern und sprach:	*Brotbrechen* = *Abbildung* = *Darstellung des Kreuzes* Jesu
Nehmt und eßt alle davon: Das ist *mein Leib,* der für euch *hingegeben* wird . . . Tut dies zu meinem Gedächtnis!«	*Daher:* »*Agnus* Dei, qui tollis peccata mundi . . .«! »*Lamm* Gottes . . .« (= *Gesang zum Brotbrechen)*

4.4 Sinndeutung des Brotbrechens in unserem *Meßbuch*

4.41 Aus der *Allgemeinen Einführung in das Meßbuch*

Mit 1 Kor 10,17 ruft unser *Meßbuch* (Allgemeine Einführung) eine weitere Sinndimension des Brotbrechens in Erinnerung:

> »56. c) Das Brotbrechen wurde von Christus beim Letzten Abendmahl vollzogen und gab in der apostolischen Zeit der ganzen Eucharistiefeier den Namen. Das Brechen des Brotes hat nicht nur eine praktische Bedeutung, sondern zeigt, daß wir alle in der Kommunion von dem *einen* Brot des Lebens essen, das Christus ist, und dadurch *ein* Leib werden (1 Kor 10,17).«

> »283. Das Brotbrechen . . . bringt die Einheit aller in dem einen Brot wirksam und deutlich zum Ausdruck. Ebenso ist es ein Zeichen brüderlicher Liebe, da dieses eine Brot unter Brüdern geteilt wird.«

4.42 Zweites Fazit

Also: Die *vielen – alle –* Versammelten erhalten von dem *einen* Brot, *keiner* erhält für sich das *ganze* Brot, sondern *jeder* eben nur

An-Teil; gemeinsam aber erhalten auf eben diese Weise alle das *ganze* Brot des Himmels, die *Fülle* des Lebens:

»Denn am Abend, an dem er ausgeliefert wurde . . .,
nahm er das Brot
und sagte Dank,
brach es,
reichte es seinen Jüngern und sprach:
Nehmt und eßt *alle* davon:
Das ist *mein* Leib,
der für euch hingegeben wird . . .
Tut dies zu meinem Gedächtnis!«

Die *vielen* erhalten von dem *einen* Brot:
= *alle* sind *eins* in *Christus*
= *Einheit*
= *Gemeinschaft* im *gekreuzigten* und *auferstandenen* Herrn

Daher:
»Schenke uns *Anteil* an Christi Leib und Blut
und laß uns *eins* werden
durch den Heiligen Geist . . .«!
(Meßbuch, Zweites Hochgebet)

4.5 Resümee

Dem Brotbrechen kommt in der eucharistischen Liturgie eine Bedeutung zu, die über die Ebene des technischen, des praktisch-notwendigen Vorgangs weit hinausreicht: Es ist sakramentliche Handlung, vom Herrn selbst der Gedächtnisfeier seines Pascha eingestiftet und somit von konsekratorischer Qualität. Wie seinerzeit den beiden Emmaus-Jüngern beim Brotbrechen »*die Augen aufgegangen sind*«, und sich ihnen die Passion Jesu erschlossen hat – vgl. Lk 24,13–35 –, so schaut die zur Eucharistiefeier versammelte Kirche im Zerbrechen des Brotes die Passion, das Pascha ihres Herrn durch Tod zum Leben, schaut sie die Selbsthingabe des *Einen* für *alle*. Aus diesem Grund huldigt sie ihm – während ihr sein Leib zerbrochen wird – mit dem Ruf »*Agnus* Dei . . ., *Lamm* Gottes«, womit sie das Geschehen der Brotbrechung zugleich deutet.

Die Christen der Frühzeit haben das Brotbrechen offenkundig denn auch entsprechend praktiziert und erlebt: Diese Handlung war in der eucharistischen Liturgie damals von Haus aus so prägend, daß man bekanntlich die ganze Feier nach ihr benannt hat. Wie bezugs- und ortlos die sakramentliche Urhandlung des Brotbrechens im Verlauf der Geschichte geworden ist, können wir an den Defiziten unserer gegenwärtigen Praxis noch ablesen. Wer käme heutigentags schon auf den Gedanken, der Eucharistiefeier, wie man sie durchschnittlich erlebt, den Namen »Brotbrechen« zu geben?!

5. Zur Praxis

5.1 Die Handlungsanweisungen unseres *Meßbuches*

Unser *Meßbuch* ruft nicht nur – wie eben aufgezeigt – die Bedeutsamkeit des Brotbrechens als sakramentlicher Symbolhandlung in Erinnerung, sondern legt auch – und zwar verbindlich und mit aller wünschenswerten Deutlichkeit – fest, daß das Brotbrechen integrales Element jeder Eucharistiefeier und daher auch entsprechend zu vollziehen ist. Es fordert mit nicht weniger Klarheit und Nachdruck, was hierfür an entsprechenden Voraussetzungen zu schaffen und zu respektieren ist: Brot in entsprechender Gestalt – und: keine Kommunion mit vorkonsekrierten Hostien!

Das Brot für die Eucharistiefeier
In der *Allgemeinen Einführung* heißt es:

> »283. Die Aussagekraft des Zeichens verlangt, daß man die Materie der Eucharistie tatsächlich als Speise erkennt. Daher soll das eucharistische Brot, auch wenn es ungesäuert ist und in der herkömmlichen Form bereitet wird, so beschaffen sein, daß der Priester bei einer Gemeindemesse das Brot wirklich in mehrere Teile brechen kann, die er wenigstens einigen Gläubigen reicht. Die kleinen Hostien sind jedoch keineswegs ausgeschlossen, falls die Zahl der Kommunizierenden oder andere seelsorgliche Überlegungen sie erforderlich machen.«

Diese Anweisungen des *Meßbuchs* sind unmißverständlich:

1) Für die Eucharistiefeier ist Brot zu nehmen, das »tatsächlich als Speise« zu erkennen ist. Wer wollte solches von den überkommenen dünnen Oblaten sagen?

2) Das Brot für die Eucharistie muß so groß sein, daß man es »wirklich (!) in mehrere (!) Teile brechen kann«. Also: keine kleinen Hostien, aber ebenso keine sogenannten »Priesterhostien«!
3) Wirkliche Brotfladen erfüllen die Forderungen unseres *Meßbuches* uneingeschränkt; zumindest aber sind sogenannte »Konzelebrationshostien« (zumeist in einer Größe von etwa vierzehn Zentimeter Durchmesser angeboten) zu nehmen. Wer demgegenüber Vorbehalte hat, möge sich in Erinnerung rufen, welche Art von Brot seinerzeit der Herr selbst genommen hat, und welche Art von Brot im ersten Jahrtausend unserer Kirche verwendet worden ist!
4) »... *mindestens* einigen Gläubigen« ist zerbrochenes Brot zu reichen. Damit formuliert das Meßbuch ausdrücklich nur die *Mindest*-Forderung. Diese ist auch dann einzuhalten, »falls die Zahl der Kommunizierenden oder andere seelsorgliche Überlegungen« es erforderlich machen, von der *Voll*gestalt – also davon, *allen* Gläubigen zerbrochenes Brot zu reichen – abzusehen. Indessen: Auf den Durchschnitt unserer Pfarrgemeinden treffen solche Einschränkungen in der Regel nicht zu, wie gleich noch zu erörtern sein wird. Im Normalfall gilt somit: Für alle Versammelten wird Brot zerbrochen!

Keine vorkonsekrierten Hostien

Aus den bisherigen Darlegungen ergibt sich von selbst, was die *Allgemeine Einführung in das Meßbuch* nicht weniger nachdrücklich fordert:

> »56. h) Es ist wünschenswert, daß für die Kommunion der Gläubigen die Hostien möglichst in jeder Messe konsekriert werden ...«

5.2 Unverständliche und unvertretbare Mängel in der gottesdienstlichen Praxis

Eine größere Diskrepanz zwischen den eben resümierten Handlungsanweisungen einerseits und der tatsächlichen Praxis, wie man sie in unseren Bischofs- und Pfarrkirchen durchschnittlich erlebt, andererseits, ist kaum denkbar.

Erstes Beispiel

Der Gesang des *Agnus Dei* hat seinen Ursprung darin, daß – angesichts der zahlenmäßig wachsenden Gemeinden – das Brotbrechen in der Eucharistiefeier länger dauert. Daher beginnt die Gemeinde, das *Agnus Dei* zu singen, und setzt es so lange fort, bis das Brotbrechen beendet ist.[39] Heutzutage, man muß sagen: seit Jahrhunderten schon und – trotz unseres *Meßbuches!* – immer noch, ist es umgekehrt: Der bischöfliche oder priesterliche Vorsteher – der lediglich *eine*, nämlich »seine« Hostie zerbricht – wartet, bis die Gemeinde das *Agnus Dei* zu Ende gesungen hat, um – fast möchte man sagen: endlich – zur Kommunion einladen zu können!

Der Gegenwart war es vorbehalten, diese degenerative Entwicklung – freilich wiederum in Widerspruch zu unserem Meßordo – um einen weiteren Schritt voranzutreiben: Vor allem in besonders gestalteten Eucharistiefeiern – in sogenannten »Familiengottesdiensten« etwa oder in Meßfeiern mit Jugendlichen – wird das *Agnus Dei* nicht selten durch ein »Friedenslied« ersetzt. Man kann freilich sagen: Wenn es kein Brotbrechen gibt, ist der *Agnus Dei*-Gesang ohnehin bezugslos und somit obsolet, es sei denn, man wollte ihn um seiner selbst willen pflegen. Man muß entgegenhalten: Wer das *Agnus Dei* durch ein Friedenslied ersetzt, tilgt ein Element der eucharistischen Liturgie, welches den Vollzug des Brotbrechens geradezu einfordert – weil es ja von eben diesem gesanglich-deutend handelt! – und dessen ursprünglichen Sinn überdies in treffender Weise erhellt, und dies ausgerechnet zu einer Zeit, in der unser Meßbuch sich um die Wiedergewinnung des Brotbrechens bemüht! Daß man solches gleichwohl sogar in Meßfeiern, die unter der Leitung eines Bischofs stehen, und also mit bischöflicher Billigung erleben muß – an einem Katholikentag zum Beispiel –, ist umso bedauerlicher.

Zweites Beispiel

In wie vielen Bischofs- und Pfarrkirchen ist es immer noch die Regel, daß der Vorsteher – nachdem er »seine« Hostie zerbrochen hat – an den Tabernakel geht und in einem, wenn nicht gar mehreren Gefäßen vorkonsekrierte Hostien holt, so daß zumindest ein erheblicher Teil, wenn nicht gar die meisten der versammelten Gläubigen – immer noch und entgegen der ausdrücklichen Vorgabe unseres *Meßbuches* – nur vorkonsekrierte Hostien erhalten?!

Drittes Beispiel

Der Vorsteher hat zwar »seine« Hostie zerbrochen – dieser letzte Rest des Brotbrechens war ja nie verlorengegangen –, aber zur Kommunion-Einladung fügt er die beiden Hälften wieder zusammen und nimmt so in augenfälliger Weise die Symbolhandlung des Brotbrechens wieder zurück!

Viertes Beispiel

Dem Purifizieren der Gefäße nach der Kommunion widmet man durchschnittlich ungleich mehr Aufmerksamkeit und entsprechend mehr Zeit als dem Brotbrechen. Die Dinge sind so geradezu auf den Kopf gestellt: Die vom Herrn gestiftete sakramentliche Handlung des Brotbrechens ist sozusagen in die Hostienbäckerei verlegt, das Purifizieren der Gefäße hingegen zum Geschehen auf dem Altar geworden! Was bleibt da noch vom betenden Schauen des Pascha Jesu im Brotbrechen und von der Huldigung an eben diesen am Kreuz zerbrochenen und erhöhten Herrn im Gesang des *Agnus Dei?* Das *Meßbuch* sieht auch diesbezüglich anderes vor.[40]

Wo man eucharistische Liturgie so feiert, wird von den Reformimpulsen unseres Meßbuchs nicht mehr verwirklicht und erlebt als die Muttersprachlichkeit und die Blickrichtung des Vorstehers »versus populum«. Formaliter »zelebriert« man zwar den Ordo unseres *Meßbuches*, diesen jedoch – in Wahrheit – in vorkonziliarer Überformung.

Notabene
Nicht nur in Pfarreien, sondern auch in so mancher Kathedralkirche kann man – sonntags zum Beispiel – eine Meßliturgie mit etwa folgenden Gestaltungsmerkmalen erleben:

Eröffnung: Einzug – nicht etwa »von unten«, schon gar nicht »durch die Kirche«, sondern »von oben«; Kyrie gesprochen; Gloria nicht im Ordinariumstext.

Wortfeier: keine alttestamentliche Lesung; kein Psalm; kein Ruf vor dem Evangelium.

Eucharistiefeier: nicht einmal in Andeutung ein Herbeibringen der Gaben aus der Gemeinde; dafür wird mit aller Bedachtsamkeit der Kelch seines Velums enthüllt, die Palla beiseite gelegt usf.; auf den Altar kommt lediglich *eine* Hostie (für den Vorsteher); nur diese eine wird daher später auch zerbrochen; das Sanctus nicht im Ordinariumstext; vor der Einladung zur Kommunion werden aus dem Tabernakel drei Ziborien geholt: die Gemeinde erhält ausschließlich daraus Brot gereicht – nein, nicht Brot, sondern alte, dünne Oblaten.

Bleibt noch zu ergänzen: Die so erlebte Meßfeier dauert ziemlich exakt 35 Minuten.

Unser *Meßbuch* ist uns mit der Autorität unserer Bischöfe als verbindlich vor- und an die Hand gegeben. Wenn es nicht einmal an einer Bischofskirche entsprechend respektiert wird – wo und von wem darf man solches dann noch einfordern? Was kann man noch entgegenhalten, wenn jemand – etwa als Autor oder Benützer privater Handreichungen von der oben erörterten Qualität – ebenfalls seine eigenen Wege geht? Es gibt keine liturgierechtliche Legitimation, diesbezüglich einem Domkapitular etwas zu gestatten, was man einem Pfarrer verwehrt – und umgekehrt. Läßt sich der Aufwand, welcher erforderlich ist, um ein offizielles Liturgiebuch unserer Kirche zu erhalten – von der ersten Arbeitsgruppe angefangen bis hin zur Approbation durch unsere Kirchenleitung –, vor solchem Hintergrund überhaupt noch vertreten? Noch einmal sei an diesbezügliche Erfahrungen in Kirchen der Reformation erinnert!

5.3 Die Anweisungen des *Meßbuchs* – unrealistisch und praxisfern?

Angesichts der eben skizzierten Defizite in der Praxis mag sich der Verdacht einstellen, die Anweisungen des Meßbuchs seien eben entsprechend unrealistisch und praxisfern. Es sei demgegenüber und vorweg festgehalten: Dies trifft in keiner Hinsicht zu; in jeder Durchschnitts-Pfarrei läßt sich das Brotbrechen vielmehr unschwer so praktizieren, daß es wieder als eucharistische Kernhandlung erlebbar wird, als welche es der Herr seiner Gedächtnisfeier eingestiftet hat und als welche es unser Meßbuch daher zurecht so nachdrücklich einfordert.

5.31 Wer bricht das Brot?

Vorweg ist klar, daß für das Brotbrechen gilt, was auf alle sakramentlichen Kernhandlungen zutrifft: Sie werden nicht von Mitgliedern der Gemeinde selbst vollzogen, sondern von jenen, die auf Grund des Dienstes bzw. Amtes, das ihnen übertragen ist, der Christen-Gemeinde vor Ort auch sonst im Namen des Herrn und seiner Kirche begegnen. Niemand tauft sich selbst, firmt sich selbst, bricht und reicht sich selbst das Brot. Anders gesagt: Das eucharistische Brotbrechen ist von denen zu vollziehen, die – im Sinne von *Liturgiekonstitution* Art. 7 und Art. 33 – bevollmächtigt sind, in der und für die Kirche vor Ort den Christus-Dienst auszuüben und also auch sakramentliche Kernhandlungen zu setzen.

Das Argument, daß in der Regel ja nur *ein* Priester am Altar tätig ist, steht dem keineswegs entgegen. Schon Quellen aus der Frühzeit – so auch die *Traditio Apostolica* – belegen, daß der Vorsteher wie für das Reichen der Kommunion, so auch für die Brotbrechung bei Bedarf die Hilfe anderer Dienstträger in Anspruch nimmt: Damals sind dies beispielsweise Diakone.[41] Heutzutage ist auch an Pastoral- und Gemeindereferenten zu denken, wo es solche nicht gibt, desgleichen an Kommunionhelfer. Es wäre schwerlich begreifbar zu machen, daß man das Brotbrechen zwar an die Hostienbäckerei delegieren, Kommunionhelfer hingegen, die beauftragt sind, die Eucharistie zu reichen, hierfür nicht heranziehen

dürfte! Kurzum: Auch in einer sonntäglichen Meßfeier mit einer entsprechend größeren Zahl von Gläubigen – erst recht freilich in Eucharistiefeiern an Werktagen – kann mühelos für alle Gläubigen das Brotbrechen vollzogen werden.
Freilich, das steht dabei auch außer Zweifel: Eine solche Praxis erfordert entsprechende spirituelle Erschließung und Prägung – zuallererst des Klerus und der Träger der genannten Laiendienste –, desgleichen die Beachtung angemessener Formen, und zwar bis hin zu entsprechender Kleidung für die Träger der Laiendienste.

5.32 Der Agnus-Dei-Gesang

Das Brotbrechen wird begleitet vom *Agnus-Dei*-Gesang. Die übliche Dreizahl der Rufe soll und darf keine Behinderung sein; es wird vielmehr so lange gesungen, bis das Brotbrechen beendet ist. Die *Allgemeine Einführung in das Meßbuch* weist ausdrücklich darauf hin:

> »56. e) Während der Brechung und Mischung wird vom Sängerchor oder vom Kantor unter Beteiligung aller das Agnus Dei in der Regel gesungen, sonst vernehmlich gesprochen. Diesen Ruf kann man so oft wiederholen, bis das Brotbrechen beendet ist.«

Eine Bereicherung kann es sein, wenn man gelegentlich zwischen die einzelnen Gesangsrufe gesprochene Anbetungs-Impulse einfügt. Und man sollte daran denken, die versammelte Gemeinde die Bildhandlung des Brotbrechens – die als solche ja Gebetshandlung ist – immer wieder einmal auch nur in stillem Gebet mitverfolgen zu lassen.[42]

5.33 Zum Problem der Zeit

Wer immer sich um Erneuerung von Liturgie bemüht, begegnet dem Problem der Zeit, dem Einwand, Gottesdienst dürfe sich zeitlich nicht zu sehr oder gar nicht verlängern.

Stimmt die »Zeit-Rechnung«?

Die Konzelebrationshostien von der vorhin erwähnten Größe lassen sich in etwa acht Teile zerbrechen. In der Zeit, welche die Gemeinde braucht, um einen Agnus Dei-Gesang unseres *Gotteslobs einmal* durchzusingen, kann man in aller angemessenen und erforderlichen Bedächtigkeit sechs bis acht solcher Hostien zerbrechen. Zieht ein Vorsteher für die Brotbrechung zwei Helfer heran, so wird – während die Gemeinde das *Agnus Dei* einmal (!) singt – für insgesamt 150 bis 180 Gläubige Brot zerbrochen. Bei den Durchschnittsgrößen unserer Pfarreien erfordert das Brotbrechen »für alle« somit nicht mehr Zeit als das zweimalige Singen des Agnus Dei.

Notabene

Zweierlei sei angefügt. Einmal: Wer sich mit dem eben Gesagten noch nicht zufrieden geben will, möge sich dafür gewinnen lassen, das Purifizieren der Gefäße *nach* der Meßfeier vorzunehmen – wie es das Meßbuch ohnehin eigens als Möglichkeit vorsieht[43] –, und die so gewonnene Zeit dem Brotbrechen zu widmen. Mit welcher Begründung wollte man denn seriöserweise anders gewichten als so?

Zum anderen werden wir nicht umhin können, widerstrebenden Gläubigen – und so manchem widerstrebenden Mitglied des Klerus – offen zu sagen: Wer der Liturgie – und schon gar der Eucharistiefeier – nicht zugesteht, was er jeder Sportveranstaltung und jedem TV-Showmaster einräumt, hat in Wahrheit nicht ein Problem der *Zeit;* das tatsächlich zugrundeliegende Problem ist daher auch nicht durch kärglichen Umgang mit Zeit lösbar. Nicht umsonst haben die Konzilsväter an den Anfang der *Liturgiekonstitution* die Aussage gestellt, daß die *»Erneuerung und Pflege der Liturgie«* zum Ziel hat, *»das christliche Leben unter den Gläubigen mehr und mehr zu vertiefen«* (SC Art. 1)!

Schlußbemerkung

Welche Folgen die angesprochenen Defizite für die eucharistische Spiritualität in unseren Pfarr- und Domgemeinden nach sich ziehen, kann man sich nicht nur unschwer vorstellen: Man findet sie allenthalben vor! Kann, darf man für die Teilnahme an der Eucharistiefeier mehr, vor allem gediegeneren Glauben erwarten, als die von uns verantwortete und praktizierte Liturgie der Eucharistiefeier an Heilsgeschehen und Glauben worthaft proklamiert und leiblich-zeichenhaft abbildet und zu erleben gibt? Die Diskrepanz zwischen dem Glauben, den unsere Liturgie meint, einerseits und der tatsächlichen Gläubigkeit – nach »Inhalt« und »Maß« – der Mitglieder unserer Kirche andererseits ist ein Ergebnis unserer Pastoral, unserer Verkündigung und unserer Praxis von Liturgie.

Voraussetzung für die Bewältigung solcher Diskrepanz ist daher unter anderem, daß man die Liturgie unserer Kirche in ihrer ureigenen wort- und symbolhaften Gestalt zur Geltung kommen läßt und sie in der oben angedeuteten Einfachheit und Direktheit mystagogisch erschließt. Was darüber hinaus an Glaubensvermittlung erforderlich ist, kann die Liturgie selbst nicht leisten.

Wer statt dessen versucht, das angesprochene Glaubensdefizit dadurch zu beheben, daß man Liturgie pädagogisch und paränetisch instrumentalisiert und entsprechend überformt, wird über kurz oder lang erleben, daß dies gerade nicht ans Ziel führt, wohl aber die Liturgie als Quelle unseres Glaubens – vgl. *Liturgiekonstitution* Art. 10 – zum Versiegen bringt.

Anmerkungen

1 Eine solche Analyse muß insbesondere die Veränderungen einbeziehen, welche die kirchliche Sozialisation hinsichtlich ihrer gesellschaftlichen Rahmenbedingungen und – damit einhergehend – hinsichtlich ihrer Möglichkeiten, Formen und Wege seit der Spätantike durchlaufen hat. Vgl. hierzu etwa die Hinweise in *B. Kleinheyer,* Sakramentliche Feiern I. Die Feiern der Eingliederung in die Kirche. Regensburg 1989 (GdK 7,1), 64ff. 106f; ferner die kurze Skizze des Vf. in: *A. Jilek,*

Wieviel Glauben braucht die Liturgie? In: *Kath. Militärbischofsamt* (Hg.), Liturgie als Feier unseres Glaubens. Die friedenstiftende Kraft des Völkerrechts. Bonn 1991 (Dokumentation zur Katholischen Militärseelsorge Heft 17), 49–93, hier 55–59.

2 Vgl. *L. Pohle,* Zwischen Verkündigung und Verrat. Zur Gewissenskrise des Priesters heute. In: GuL 60 (1987), 334–354. Dieser Beitrag erörtert zur oben angesprochenen Problematik sehr viel mehr, als sein Titel ankündigt; in mancher Hinsicht mag er überpointiert formuliert sein, hätte sich anders möglicherweise aber auch kaum Gehör verschaffen können.

3 *E. Utters,* Mach mit. Kindergottesdienste. Düsseldorf 1981, 54.

4 Vgl. ebd. 54–60.

5 Ed.: *G. Rauschen,* FlorPatr 2; *A. Wartelle,* Saint Justin Apologies, Introduction, texte critique, traduction, commentaire et index. Paris 1987.

6 Ed.: *B. Botte,* La tradition apostolique de Saint Hippolyte. Essai de reconstitution. 5. verb. Aufl. Hgg. v. *A. Gerhards* unter Mitarb. v. *S. Felbecker*. Münster 1989 (LQF 39); *W. Geerlings,* Traditio Apostolica. Apostolische Überlieferung. Freiburg i. Br. 1991 (Fontes Christiani 1), 143–343.

7 *Justin, 1. Apol* 65,3–5 (*Rauschen* 67f.; *Wartelle* 188–191; Übersetzung nach BKV 12, 80). Vgl. auch ebd. 67,3–6 (*Rauschen* 70f.; *Wartelle* 190–193; Übersetzung nach BKV 12, 82): »[3]An dem Tage, den man Sonntag nennt, findet eine Versammlung aller statt, die in den Städten oder auf dem Lande wohnen; dabei werden die Denkwürdigkeiten der Apostel oder die Schriften der Propheten vorgelesen, solange es die Zeit erlaubt. [4]Hat der Vorleser aufgehört, so ermahnt und fordert der Vorsteher in einer Ansprache dazu auf, all dieses Gute nachzuahmen. [5]Darauf erheben wir uns alle zusammen und senden Gebete empor. Und wie schon erwähnt, wenn wir mit dem Gebet zu Ende sind, werden Brot, Wein und Wasser herbeigebracht, der Vorsteher sendet Gebete und Danksagungen empor, soviel in seiner Kraft steht, und die Gemeinde stimmt zu, indem sie ›Amen‹ sagt. Dann findet die Austeilung dessen, worüber die Danksagung gesprochen worden ist, an alle Anwesenden statt und den Abwesenden wird davon durch Diakone gebracht. [6]Übrigens geben auch sonst noch die Wohlhabenden, die wollen, nach Belieben, was jeder will. Das Gesammelte wird beim Vorsteher hinterlegt, der damit den Waisen und Witwen zu Hilfe kommt, solchen, die wegen Krankheit oder aus sonst einem Grund bedürftig sind, den Gefangenen und den Fremdlingen, die in der Gemeinde anwesend sind, kurz, er ist allen, die in der Stadt sind, ein Fürsorger.«

8 *TrAp* 4.21 (*Botte* 10–17.54–59; *Geerlings* 220–227.256–271).

9 Lk 22,19 parr.

10 *Die Feier der heiligen Messe. Meßbuch.* Für die Bistümer des deutschen

Sprachgebietes ... 1975. [2]1988. *Die Feier der Gemeindemesse* S. 343ff.352ff.511ff.

11 Die nachfolgende Erörterung beschränkt sich natürlich auf das eingangs skizzierte Anliegen und Interesse. Für eine weiterführende fachwissenschaftliche Information und Darlegung möge der Hinweis auf den entsprechenden Faszikel des neuen Handbuchs für Liturgiewissenschaft und die dort vermerkte Literatur genügen: *H.B. Meyer*, Eucharistie. Geschichte, Theologie, Pastoral. Mit einem Beitrag von *I. Pahl*. Regensburg 1989 (GdK 4) (Lit.!).

12 Vgl. *Justin*, 1. *Apol* 65,3ff; 67,3ff: oben Anm. 7.

13 Ebd. 65,3: oben Anm. 7.

14 Ebd. 65,5; vgl. ebd. 67,5: oben Anm. 7.

15 *TrAp* 4 (*Botte* 10–17; *Geerlings* 222–227; obige Übersetzung v. Vf.).

16 Vgl. die dortigen Modelle für Ordinationsgebete: *TrAp* 3.7.8 (*Botte* 6–11.20–23.26f; *Geerlings* 216–221.230–237).

17 Ed.: *J. Otto*, Justini philosophi et martyris opera quae feruntur omnia. Bd. I,2: Dialogus cum Tryphone ludaeo. Wiesbaden [3]1877; unveränd. Neudr. 1969, 138–141.

18 Vgl. V 12 im eucharistischen Modellgebet der *TrAp:* oben Abschnitt 2.21 – Der entsprechende Abschnitt aus Justins »*Dialog mit dem Juden Tryphon*« lautet im Zusammenhang (Übersetzung nach BKV 33, 61f): »XLI. [1]Das Opfer des Weizenmehles, welches nach der Überlieferung für die vom Aussatz Gereinigten dargebracht wurde, war ein Vorbild des Brotes der Eucharistie (Danksagung), deren Feier Jesus Christus, unser Herr, angeordnet hat zur Erinnerung an das Leiden, das er erduldete für die, welche sich von jeder Sünde gereinigt haben. Er wollte nämlich, daß wir Gott Dank sagen sowohl dafür, daß er die Welt mit allem, was in ihr ist, um des Menschen willen erschaffen hat, wie dafür, daß er uns von der Sünde, in der wir lebten, befreit hat, als auch dafür, daß er die Mächte und Kräfte durch den, der nach seinem Willen leidensfähig geworden ist, vollständig niedergeschlagen hat. [2]Daher äußert sich Gott, wie ich bereits erwähnte, durch Malachias, einen der zwölf Propheten, über die Opfer, welche ihr seinerzeit dargebracht habt, also: ›Mein Wohlgefallen ist nicht bei euch, spricht der Herr, eure Opfer werde ich nicht aus euren Händen annehmen. Denn vom Aufgange der Sonne bis zum Untergange ist mein Name verherrlicht unter den Heiden, und an jedem Orte wird meinem Namen ein Rauchopfer und ein reines Opfer dargebracht; denn groß ist mein Name unter den Heiden, spricht der Herr. Ihr aber entehrt ihn.‹ [3]Diese Prophezeiung bezieht sich auf die von uns Heiden Gott an jedem Orte dargebrachten Opfer, das ist auf das Brot der Eucharistie und ebenso auf den Kelch der Eucharistie ...«

19 *Utters* (s. Anm. 3) 63f.

20 Die hier angedeutete und vorausgesetzte Art der wechselseitigen Beziehung zwischen worthaften und symbolischen Kernvollzügen in sakra-

mentlicher Liturgie ist näher dargelegt und begründet in: *A. Jilek,* Art. Liturgie. In: *K. Müller / Th. Sundermeier* (Hg.), Lexikon missionstheologischer Grundbegriffe. Berlin 1987, 260–264, hier 262; *ders.,* Art. Symbol / Zeichen. In: *Chr. Schütz* (Hg.), Praktisches Lexikon der Spiritualität. Freiburg i. Br. 1988, 1241–1244, hier 1242 f.

21 Zum Folgenden vgl. *R. Pesch,* Das Abendmahl und Jesu Todesverständnis. Freiburg i. Br. 1978 (QD 80) (Lit.!); *ders.,* Wie Jesus das Abendmahl hielt. Der Grund der Eucharistie. Freiburg i. Br. 1977; *H. Schürmann,* Die Symbolhandlungen Jesu als eschatologische Erfüllungszeichen. Eine Rückfrage nach dem historischen Jesus. In: BiLe 11 (1970), 29–41.73–78 (Lit.!).

22 *Pesch,* Wie Jesus das Abendmahl hielt (s. Anm. 21) 82.

23 Die Erzählung von der Heilung des Mannes mit der verdorrten Hand wird mit der Feststellung beschlossen: »*Da gingen die Pharisäer hinaus und faßten zusammen mit den Anhängern des Herodes den Beschluß, Jesus umzubringen*« (Mk 3,6)!

24 *Pesch,* Wie Jesus das Abendmahl hielt (s. Anm. 21) 72: »Gibt Jesus nun den Jüngern Brot zu essen, das er als sich selbst deutet, so vermittelt er Gemeinschaft mit sich selbst. Er interpretiert sich als Quelle von Segen und Heil, als Heilsmittler. Er setzt die besondere Bedeutung seiner Person voraus, wenn er sagt: ›Dies ist mein Leib.‹ Die Jünger konnten verstehen: Dies bin ich, der Messias, der Christus. Das Deutewort zum Brot macht das Mahl zum messianischen Mahl. Das Deutewort zum Becher setzt die Brotdeutung voraus: Jesus spricht vom Sühnetod des Messias.«

25 Vgl. *Schürmann,* Die Symbolhandlungen Jesu (s. Anm. 21).

26 *Pesch,* Wie Jesus das Abendmahl hielt (s. Anm. 21) 76.

27 Lk 22,15: »Und er sagte zu ihnen: Ich habe mich sehr danach gesehnt, *vor meinem Leiden dieses Paschamahl mit euch zu essen ...*«; 1 Kor 11,23: »Denn ich habe vom Herrn empfangen, was ich euch dann überliefert habe. Jesus, der Herr, nahm *in der Nacht, in der er ausgeliefert wurde,* Brot ...« Vgl. auch den Hinweis unten Anm. 33.

28 *Fünf Hochgebete.* Hochgebet zum Thema »Versöhnung«. Hochgebete für Meßfeiern mit Kindern. Studienausgabe für die Bistümer des deutschen Sprachgebietes mit einem Anhang: Hochgebet für Meßfeiern mit Gehörlosen ... Freiburg i. Br. 1980.

29 *Pesch,* Abendmahl und Jesu Todesverständnis (s. Anm. 21) 101; vgl. *ders.,* Wie Jesus das Abendmahl hielt (s. Anm. 21) 78 ff.

30 Vgl. *Schürmann,* Die Symbolhandlungen Jesu (s. Anm. 21) 74 ff.

31 *Pesch,* Wie Jesus das Abendmahl hielt (s. Anm. 21) 71 ff.

32 *Christian Wolff* kommentiert 1 Kor 11,24 mit Recht so: »Der Akzent liegt auf ›für euch‹, betont ist also die *Dahingabe* des Leibes ... zur Tilgung der Sünden ... Den Tischgästen wird bei der *Austeilung des Brotes* der *Anteil an diesem Heilsgeschehen* zugesprochen«: *Ders.,* Der erste Brief des Paulus an die Korinther. Zweiter Teil ... Berlin 1982

(ThHK VII/2), 90 (Hervorhebung vom Vf.). – Bedauerlicherweise hält *Christian Wolff* in der Auslegung des übernächsten Verses – 1 Kor 11,26 – an dieser Perspektive nicht fest. Dort formuliert *Paulus* ja so: »Denn *sooft ihr von diesem Brot eßt* und *aus diesem Kelch trinkt*, verkündet ihr den Tod des Herrn, bis er kommt.« Auch hier ist also unverkennbar die *Handlung* des Brot- und des Becherritus zumindest mit in den Blick genommen! *Christian Wolff* aber kommentiert so: »Dies (sc. das καταγγέλειν) erfolgt nicht etwa durch die eucharistische Handlung selbst; denn καταγγέλειν ist immer eine Sache des Wortes. Entscheidend ist dabei, daß das vollzogene Heilsgeschehen durch die Ansage präsent wird ...« (ebd. 91). Selbstverständlich stellen der eucharistische Brot- und der eucharistische Becherritus einerseits und die – schon von der Stiftung her, wie ja unmißverständlich bezeugt ist – damit verbundenen Gebetsvollzüge andererseits eine untrennbare Einheit dar. Aber daß *Paulus* so formulieren kann, wie es 1 Kor 11,26 geschieht, rückt in den Blick, mit welcher Selbstverständlichkeit gerade auch die *Handlungs*-Dimension des »Herrenmahls« und deren Bedeutsamkeit ursprünglich gesehen wird. Hätte man in Praxis und Theologie der Eucharistiefeier deren Handlungs-Dimension später nicht so vernachlässigt, wäre so manche folgenreiche eucharistie-theologische Engführung wohl von vornherein ausgeblieben. – Vgl. im übrigen auch noch die Anmerkungen zu den Textzeugen 1 Kor 11,24: unten Abschnitt 4.34.

33 *Pesch*, Wie Jesus das Abendmahl hielt (s. Anm. 21) 60, vgl. insgesamt ebd. 59–62.

34 Vgl. oben Abschnitt 2.21.

35 Zum Folgenden vgl. auch schon *F. Nikolasch*, Vom geteilten Brot. In: *J. G. Plöger* (Hg.), Gott feiern. Theologische Anregung und geistliche Vertiefung zur Feier von Messe und Stundengebet. FS *Th. Schnitzler*. Freiburg i. Br. ²1980, 248–255; *B. Kleinheyer*, Heil erfahren in Zeichen. Dreißig Kapitel über Zeichen im Gottesdienst. München ²1987, 140–147. Wichtig ferner (und mit weiteren Quellenbelegen): *Ph. Schäfer*, Eucharistie – Gedächtnis des Todes und der Auferstehung Jesu. In: *A. A. Häußling* (Hg.), Vom Sinn der Liturgie. Gedächtnis unserer Erlösung und Lobpreis Gottes. Düsseldorf 1991, 62–85.

36 Ed.: *F. X. Funk*, Didascalia et constitutiones apostolorum. Bd. 2: Testimonia et scripturae propinquae. Paderborn 1905, 172–177.

37 *Ambrosius, De sacramentis* IV,21. Ed.: *B. Botte*, Ambroise de Milan. Des sacraments. Des mystères. Paris ²1961 (SC 25bis), 114; *J. Schmitz*, Ambrosius. De sacramentis. De mysteriis. Über die Sakramente. Über die Mysterien. Freiburg i. Br. 1990 (Fontes Christiani 3), 148f.

38 Vgl. *Nikolasch* (s. Anm. 35) 252.

39 Vgl. auch *Kleinheyer* (s. Anm. 35) 143f.

40 Vgl. unten Anm. 43.

41 Vgl. *TrAp* 22 (*Botte* 60f., *Geerlings* 272f.).

42 Dies stellt keinen Widerspruch dar zu den obigen Erörterungen bezüglich des Einsatzes eines Friedensliedes anstatt eines *Agnus Dei:* Nicht nur, weil das Friedenslied motivisch falsche Akzente setzt. Vorrangiges Ziel ist es ja, das Brotbrechen zurückzugewinnen. Ist dies erreicht, bedarf es nicht immer der gesanglichen Ausdeutung durch das *Agnus Dei.* Es gilt Analoges wie für andere Begleitgesänge. Als Beispiel sei der Gesang zum Einzug genannt: Daß etwa in der Karfreitags-Liturgie der Einzug in Stille geschieht, macht einen Begleit-Gesang zu diesem Geschehen nicht grundsätzlich obsolet, läßt jedoch den Einzug am Karfreitag – Vergleichbares gilt für andere Tage des Kirchenjahres: Quadragese, Advent – gleichwohl in entsprechender Tiefe erleben. Kurzum: Es gilt, was das Meßbuch zum »heiligen Schweigen« während der Gabenbereitung anmerkt: *Meßbuch. Feier der Gemeindemesse* S. 344.

43 Vgl. ebd. S. 523.

Verzeichnis der Autoren

Prof. Dr. theol. Konrad Baumgartner, Lehrstuhl für Pastoraltheologie
Prof. Dr. theol., lic. phil. Wolfgang Beinert, Lehrstuhl für Dogmatik und Dogmengeschichte
Prof. Dr. theol. August Jilek, Lehrstuhl für Liturgiewissenschaft
Prof. Dr. theol., lic. bibl. Hubert Peter Ritt, Lehrstuhl für Exegese des Neuen Testaments
Prof. Dr. theol. Eberhard Schockenhoff, Lehrstuhl für Moraltheologie

Alle Autoren gehören der Katholisch-Theologischen Fakultät der Universität Regensburg an.

Weitere Buchtitel zur Seelsorge

Herausgegeben von Wolfgang Beinert

Heil und Heilen als pastorale Sorge

Mit Beiträgen von K. Baumgartner, W. Beinert, H. Groß, O. Molz, J. Rief, F. Schnider

176 Seiten, kart. DM 24,80

Einübung ins Leben – der Tod

Der Tod als Thema der Pastoral

Mit Beiträgen von N. Brox, W. Beinert, W. Nastainczyk, G. Rey, J. Rief, F. Schnider, Ch. Schütz, A. Seigfried

237 Seiten, kart. DM 32,–

Den Glauben weitergeben

Wege aus der Krise

Mit Beiträgen von K. Baumgartner, W. Beinert, J. Hofmeier, K. Krenn, L. Schneider, F. Schnider

149 Seiten, kart. DM 19,80

Symbole als Glaubenshilfe

Von der Anschaulichkeit des Heiles

Mit Beiträgen von K. Hausberger, K. Küppers, H. Petri, A. Schmitt, A. Schurr

126 Seiten, kart. DM 19,80

VERLAG FRIEDRICH PUSTET · REGENSBURG

Nicht wie die Schriftgelehrten

Theologie – eine Chance für die Verkündigung

Mit Beiträgen von K. Baumgartner, W. Beinert, H. Petri, H. P. Ritt, L. Schneider

150 Seiten, kart. DM 24,80

Theologie als Mitsuche, als Praxisimpuls für eine zeitgerechte Glaubensvermittlung.

Kirche zwischen Konflikt und Konsens

Versöhnung als Lebensvollzug der Glaubensgemeinschaft

Mit Beiträgen von K. Baumgartner, W. Beinert, N. Brox, J. Rief, H. Ritt, A. Seigfried

164 Seiten, kart. DM 24,80

Schuld- und Sündenbewußtsein heute, Strategien, um Konflikte zu einem Konsens zu führen, Beiträge zur Dialogfähigkeit.

Braucht Liebe (noch) die Ehe?

Mit Beiträgen von A. Angerstorfer, W. Beinert, M. Kaiser, H. Lukesch, W. Nastainczyk, L. Schneider

149 Seiten, kart. DM 24,80

Ursachen der Ehekrise und Wege für ein erneuertes, tragfähiges Verständnis der Ehe.

(Preisänderungen vorbehalten)

VERLAG FRIEDRICH PUSTET · REGENSBURG